Zu **Leporello 2** gehören:

Schülerband
184 Seiten (Best.-Nr. 125162)
Arbeitsheft
72 Seiten (Best.-Nr. 125132)
Schreiblehrgang Vereinfachte Ausgangsschrift
32 Blatt (Best.-Nr. 125063)

Leporello 2

Miteinander
sprechen · schreiben · lesen

Autorinnen und Autor:
Michael Avila
Gisela Dick
Christine Eckert
Marlies Koenen
Elisabeth Kronsteiner
unter Mitarbeit von Eva Odersky

Illustrationen:
Katja Schmiedeskamp

westermann

Inhalt

4 Das Kaleidoskop

18 Ich wohne in der  Bachstraße

32 Von Prinzen,  Prinzessinnen und Gemüse

46 Julias anderer Tag

60 So groß ist der Mond

76 Eins, zwei, drei, Manege frei!

92 Tier-Freunde

106 Irgendwie komisch

120 Naturforscher

lesen    abwechselnd lesen   laut lesen

134 Ideen-Kalender

154 Texte schreiben

156 Diktate schreiben

Dosendiktat　　Kuscheltierdiktat　　Schleichdiktat

158 Wörter üben

162 Wichtige Begriffe

164 Lexikon

168 Wörterliste

182 Lernbereiche

erzählen　　schreiben　　ins Geschichtenheft schreiben　　spielen

Das Kaleidoskop

Tine steht vor dem Tisch.
Allein.
Sie hat gewartet,
bis alle anderen fort sind.
Tine will sich
das kleine Rohr in Ruhe ansehen.
Karen hat so seltsame Dinge
davon erzählt.

Tine nimmt das Rohr
in die Hand.
Sie hält es vors Auge.
Dreht es.
Kleine Bilder tauchen auf –
in einer langen Reihe.
Sie dreht weiter.
Neue Bilder entstehen
in tollen Farben und Mustern
wie in einem Zauberspiegel …

„Hallo, kleiner Tiger!", ruft Tine. „Was machst du denn hier?"
„Ich warte", antwortet der kleine Tiger.
„Ich warte auf Post. Siehst du das nicht?"
Da setzt sich Tine neben ihn und wartet auch.
Aber die Post kommt nicht.
Und der kleine Tiger wird traurig.

Und als Tine nach Tagen aus dem Haus kommt, sitzt auf einem Stein der kleine Tiger.

Da hat Tine eine Idee.
„Weißt du was", ruft sie, „ich schreibe dir einen Brief. Sofort."

Tine steht da
mit dem Rohr in der Hand.
Vor ihr steht der Tisch mit den vielen Dingen.
Sie legt das kleine Rohr dazu.
„Ich habe
ein Geheimnis entdeckt",
sagt sie leise,
„ein wundervolles Geheimnis."

Der Tausendfuß erwacht
am Montag früh um acht.
Bald hört man ihn ganz furchtbar fluchen,
denn er muss seine Socken suchen.
Die liegen kreuz und quer
im Zimmer ringsumher.

A B C D E –
die schwimmen im Kaffee.

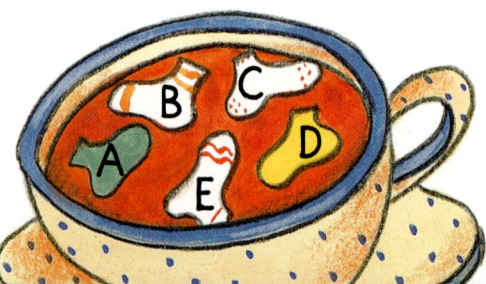

F G H I J –
die liegen im Kompott.

1. Fund

K L M N O –
die findet er im Klo.

P Qu R S T –
am Kaktus, ach, o weh!

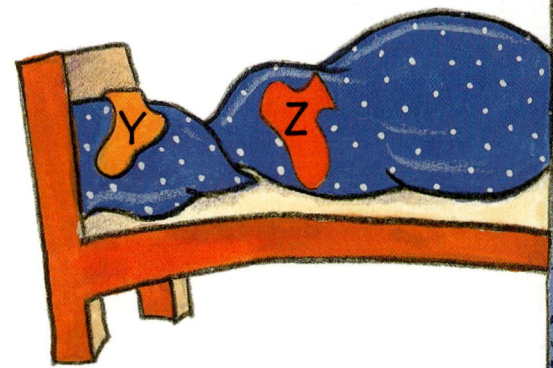

U V W und X –
sieht er am Hut ganz fix.

Y und Z –
die liegen noch im Bett.

Mit diesem Spruch kannst du das Abc auswendig lernen.

1 Erst sprechen, dann schreiben

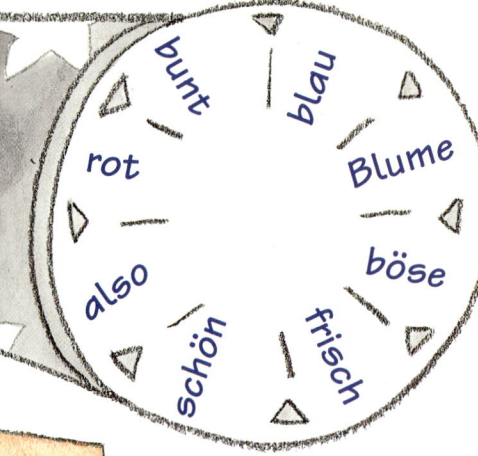

Mitsprechwörter:
Ich schreibe,
wie ich spreche.

Mit der Aufgabe 1 auf Seite 158 kannst du die Wörter aus den Fundgruben besonders gut üben.

schön   können   Bild
Auge   Quadrat

2 Überlegen und wissen

Die Spagetti sprudeln im Topf. Wir können bis zum Essen noch eine halbe Stunde spielen.

Nachdenkwörter:
Ich denke nach
und weiß eine Regel.

Suche in der Wörterliste fünf Wörter, die mit Sp/sp oder St/st anfangen.

3 Nachschauen und merken

Die Hexe	singt	ein	L	
Der Bär	schreibt	einen	B	
Tine	malt	eine	B	

Suche die drei fehlenden Wörter in der Wörterliste und schreibe die Sätze in dein Heft.

Merkwörter:
Ich muss mir merken,
wie ich schreibe.

schreiben   singen   Hexe   blühen   klein
Brief   blau   Blume   bunt   reisen   sehen
schauen   gelb

Wörter üben: S. 158–161

4 So heißen wir in Italien

or so   ra na   vol pe   ca ne   to po

grube

Ich wohne in der Bachstraße

In dem großen roten Haus unten am Fluss,
da wohnt Madita.
Dort wohnen auch Mutti und Vati
und die kleine Schwester Elisabet,
ein schwarzer Pudel, der Sasso heißt,
und das kleine Kätzchen Gosan.
Madita und Elisabet wohnen im Kinderzimmer,
Sasso in einem Korb auf dem Flur
und Gosan vor dem Herd in der Küche.
Mutti aber wohnt beinah überall im Haus
und Vati auch.   *aus: Madita (Astrid Lindgren)*

Nenne alle Menschen und Tiere,
die in dem Haus leben.
Wo wohnen die Kinder,
die Tiere, die Eltern?

Mit wem wohnst du zusammen?
Male und schreibe in dein Geschichtenheft.

UNSER ADRESSBUCH

Kennst du deine Adresse?
Schreibe sie zu Hause so auf:

Schreibe zuerst deinen Familiennamen,
dahinter deinen Vornamen,
darunter die Straße mit der Hausnummer,
dann die Postleitzahl und den Ort,
zum Schluss deine Telefonnummer.

Jetzt könnt ihr in der Klasse
ein Adressbuch anlegen.
Jeder trägt seinen Namen
unter dem richtigen Buchstaben ein.

Altmann, Dominik
Bachstraße 17
83 024 Rosenheim

Tel.: 0 80 31/4 74 21

Male nun in dein Geschichtenheft das Haus, in dem du wohnst, und schreibe deine Adresse dazu.

Hängt eure Hefte so auf,
dass die Kinder aus derselben Straße
nebeneinander sind.

Viele Straßennamen haben eine Bedeutung.

Suche in deiner Wohngegend Straßennamen, unter denen du dir etwas vorstellen kannst. Schreibe sie auf.

Timo und Oli und ich
gehen nach der Schule
immer allein nach Hause.
Zuerst haben Mama und Paul
und Timos Papa und Olis Oma
uns immer abgeholt.
Aber dann haben wir ihnen gesagt,
dass wir jetzt allein heimgehen,
weil wir keine Babys mehr sind.
Wir mussten versprechen,
dass wir bei der Ampel
in der Hilscherstraße
immer auf Grün warten.

aus: Komm mit in die Schule
(Frauke Nahrgang)

Lauras Familie zieht um.
Seitdem Laura einen Bruder
bekommen hat,
ist die alte Wohnung zu klein.

Die Möbelpacker kommen
und packen alle Sachen
in Kartons.

Zuerst gehen sie
ins Wohnzimmer.

Schreibe auf,
was die Möbelpacker einpacken.
Denke auch an die Dinge,
die in Schränken und Schubladen sind.

Stifte, Telefon, Bilder, Lexikon, Spiele, Bücher, Computerspiele, CDs, Flöte, Papier, Schuhe, Hose, Knöpfe, Kalender, Thermometer*, Schere

Sieh auch in der Wörterliste
oder im Wörterbuch nach.

*Lexikon Seite 167

Laura packt ihre Sachen selbst ein.

Lest zu zweit:

Die Kuscheltiere	hängen an der Wand.
Die Bausteine	liegen im Bett.
Die Puppen	stehen auf dem Regal.
Die Autos	sitzen am Tisch.
Die Bilder	sind in einer Kiste.

Vergleicht mit dem Bild.
Wo sind die Spielsachen wirklich?
Ihr könnt auch eigene Unsinn-Sätze lesen.

Was würdest du in deinem Zimmer einpacken?
Schreibe eine Liste.

Teddy*
Bücher

*Lexikon Seite 167

Kannst du diesen Text lesen?
Wenn du ein Blatt Papier unter die Lesezeile legst,
ist es einfacher.

Laura läuft

im neuen

Zimmer

hin und

her.

Wo ist nur meine Puppe?

Wo ist

nur

meine

Uhr?

Auch von meinem

Teddy

fehlt mir

jede

Spur.

 Schreibe den Text als Dosendiktat.
Lies dazu auf Seite 156 nach.

Wer anders ist, ist nicht blöd

Simon ist heute allein auf dem Spielplatz.
Seine Mutter und sein älterer Bruder Mathias
wollen ihn später abholen.
Im Sandkasten baut ein größerer Bub eine
riesige Burganlage. Simon geht nah heran.
Da passiert es: Er stolpert und
fällt mitten in die Burg des Buben.
„He, spinnst du?", brüllt der fremde Bub sofort.
„Tut mir Leid. Ich bin gestolpert",
entschuldigt sich Simon.
„Bist du zu dumm, um auf
deine Füße aufzupassen?", schimpft der Bub.
Da kommen Simons Mutter und Mathias.
„Komm Simon, wir gehen!", rufen sie.
„Der gehört zu dir?", ruft der Bub und zeigt auf Mathias.
„Wie sieht der denn aus, der ist ja noch viel blöder als du!"
Da wird Simon wütend und wirft dem Jungen
eine Hand voll Sand an den Kopf.

(Angelika Voitz)

Wen verteidigt Simon?

Was ist anders an Mathias?

Wie Menschen wohnen

Im Einfamilienhaus
wohnt nur eine Familie.

Im Mehrfamilienhaus
wohnen mehrere Familien.

Bei Reihenhäusern
ist Haus an Haus gereiht.

In einem Hochhaus
geht es hoch hinauf.
Da wohnen viele Leute.

Wie wohnst du?

Einige Namen sind schwer zu lesen.
Aus welchen Ländern könnten die Familien kommen?

Früher hatten die Familiennamen eine Bedeutung.
Manche Namen verraten,
welchen Beruf die Leute hatten.
Manche Namen verraten,
aus welcher Gegend die Leute kamen.
Manche Namen verraten,
wie die Leute aussahen.

Schreibe bei dir zu Hause Klingelschilder ab.
Verraten diese Namen auch etwas?

1 Namen reimen

Menschen haben Namen.
Namenwörter werden großgeschrieben.

Marianne	Kaffeekanne
Annelie	Sellerie
Fabian	Pelikan
Karoline	…
Beate	…
Stanislaus	…
Frauke	…
Charlotte	…
…	…

 Klamotte
Karate
Schreibmaschine
Karotte
 Nikolaus
Tomate
Schneckenhaus
Pauke Mandarine

2 Entdeckst du die Tiere?

ABIENECDEFGHUNDIJKLMZTFD
ABCDENTEFGHIJKATZEKLMNOP
ABSDEFGHIGELJKLMNOPFERD
ABCDEFGHIJLMSCHMETTERLING
ABCDEFGHASEIJKUHLMAUSNO

Auch Tiere haben Namen.
Namenwörter werden großgeschrieben.

2. Fund

Wörter üben: S. 158–161

Eltern eng Name weit
Bruder
Schwester Frau neu Kind Zimmer
fremd laufen wohnen
Herr Baby Mann Haus
heißen alle Familie alt Garten

3 Gitterwörter

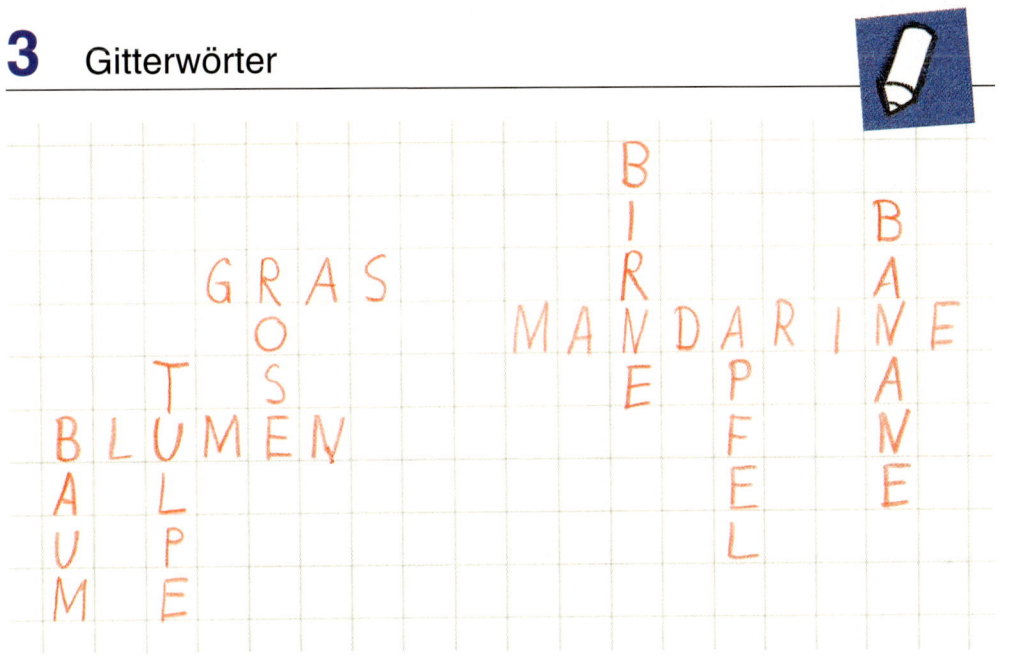

Tulpe, …

Auch Pflanzen haben Namen.
Namenwörter werden großgeschrieben.

4 Silbenrätsel

Ther, Fül, ter, Bäl, le, Ho, mo, Brie, se, ler, fe, me

Bälle, ...

Auch die Wörter für Dinge sind Namenwörter. Namenwörter werden großgeschrieben.

5 In der Wohnung

Apfel   Fenster   Blume   Bruder   Buch
Hund   Junge   Katze   Mädchen   Fliege
Computer   Schuh   Tulpe   Schwester
Tante   Uhr   Vater   Bild   Stuhl   Vogel

Ordne die Namenwörter so:

Menschen	Tiere	Pflanzen	Dinge
...	...	Apfel	...

Was gibt es in eurer Wohnung?
Ordne diese Namenwörter genauso.

6 Morsezeichen

Lang — oder kurz •?
Wie hört sich das i an?

in   wie   wir   die   ich   viel
sie   dir   mir   mit   hier
hinter   immer   sind   nie

in, wie, …
•   —

Welche Ausnahmen
entdeckst du hier?

wir, …
—

Ein langgesprochenes i
wird in einem Wort fast
immer mit ie geschrieben.

Wörter üben: S. 158–161

bleiben
Mutter
Verkehr
Teddy
Vater
Sohn
Freund
Mädchen
Auto
Ampel
Tante
Onkel
Puppe
Tochter
Fenster
Junge

7 Wie schnell kannst du diesen Vers sprechen?

Wenn sieben Fliegen hinter sieben Fliegen fliegen,
fliegen sieben Fliegen hinter sieben Fliegen her.

grube

Von Prinzen, Prinzessinnen und Gemüse ...

Kennst du dieses Märchen?

Heinz Janisch hat sich auch eine Geschichte ausgedacht:

Heinz Janisch hat das Buch
„Die Prinzessin auf dem Kürbis" geschrieben.
Darin erzählt er eine Geschichte, die an das Märchen
„Die Prinzessin auf der Erbse" von Hans Christian Andersen
erinnert, aber doch ganz anders ist.
Heinz Janisch schreibt Erzählungen und Gedichte
für Kinder und Erwachsene.
Er ist 1960 geboren und lebt in Wien.

Der Prinz warf seine Stiefel in die Ecke und rief:
„So eine Prinzessin kann mir gestohlen bleiben!"
Der Prinz war auf einer Hochzeit gewesen. Ein Freund aus dem
Nachbarland hatte geheiratet und keine Geringere als die berühmte
Prinzessin auf der Erbse war die Braut. Drei Tage und drei Nächte
hatte das Hochzeitsfest gedauert.
Der Bräutigam war sehr stolz auf seine Braut. Kein Wunder.
Durch hundert Matratzen hindurch hatte die Prinzessin eine einzige
winzige Erbse gespürt. So empfindlich war sie.

„Empfindlich! Ha!", rief der Prinz.
Durch hundert geschlossene Türen
hindurch hatte die Prinzessin
einen leisen Windhauch gespürt.
„Ach, mein Prinz, wie mich friert!",
hatte sie zu ihrem Bräutigam,
dem Nachbarprinzen, gesagt.
Aus hundert Trompetentönen –
gespielt zu ihren Ehren – hatte sie
einen falschen herausgehört.
„Ach, mein Prinz! Wie scheußlich
das klingt!", hatte sie geflüstert.
Durch hundert Seidengewänder
hindurch hatte sie der raue Stoff
des königlichen Mantels gestört.
„Ach, mein Prinz, wie das kratzt!",
hatte sie gejammert.
„Empfindlich! Ha!", rief unser Prinz
noch einmal. „Ich will eine
Prinzessin, die etwas aushält!"

Wie stellt sich unser Prinz seine Wunschprinzessin vor?

Meine Prinzessin soll …

Am nächsten Morgen ließ der Prinz ein Schild an der äußeren Burgmauer anbringen. „PRINZESSIN GESUCHT!" stand in großen Buchstaben darauf. Dann wurde die Zugbrücke hochgezogen und eine Strickleiter heruntergelassen. Wer auf die Burg wollte, musste auf der Strickleiter die Mauer hochklettern. „Ein echter Prinz will verdient sein!", sagte der Prinz. Tage und Wochen vergingen.

So manche Prinzessin kam mit ihrem Gefolge an der Burg vorbei. Aber nur zwei kletterten die Strickleiter hoch. Die eine wurde oben auf der Mauer ohnmächtig. Die andere schaute den Prinzen bitterböse an, als er ihr zur Begrüßung nur Wasser und Brot reichte. Sie drehte sich wortlos um und verschwand.

Eines Nachts stand eine junge Frau auf der Burgmauer.
Sie rief: „Ist hier niemand? Ich habe Hunger und Durst!
Und ich suche ein Bett zum Schlafen!"
Der Prinz gab ihr Wasser und Brot.
Um zu sehen, ob die Prinzessin auch
so empfindlich war wie die Prinzessin
auf der Erbse, hatte der Prinz ein
besonderes Gästebett vorbereiten lassen.
Am nächsten Morgen sagte die Prinzessin:
„Ich habe wunderbar geschlafen.
Es muss da etwas unter meinem Bett gewesen sein.
Aber ich war zu müde um nachzusehen."

„Du bist eine Prinzessin nach meinem
Geschmack!", sagte der Prinz.
„Willst du meine Frau werden?"
Die Prinzessin überlegte kurz.
„So einfach geht das nicht", sagte sie.
„Eine echte Prinzessin will verdient sein.
Außerdem weiß ich gar nicht,
ob ich dich mag.
Du bist laut und mürrisch.
Du gibst deinen Gästen Wasser und Brot.
Und du lässt sie auf harten Betten schlafen."
„Ich … Ich kann auch anders",
stotterte der Prinz.
„Ich lass mich gerne überraschen",
sagte die Prinzessin.

Wenn die beiden
sich wirklich mögen,
was müsste geschehen,
damit sie ein Paar werden?

Kennt ihr diese oder andere Sprichwörter,
die zu der Geschichte passen?

Was du nicht willst, das man dir tu,
das füg auch keinem anderen zu.

Wenn zwei sich streiten,
freut sich der dritte.

Was sich liebt, das neckt sich!

Sucht euch eine Szene aus der Geschichte aus und
spielt sie in der Klasse nach.

Hochzeit

**W...
I.....?**

W...?

Aschenputtel
König Drosselbart
Dornröschen
Froschkönig
Gestiefelter Kater
Schneewittchen ...

7 Tage und 7 Nächte
3 Tage und 3 Nächte
99 Tage ...

W.?

Im Schlosspark
Im Rittersaal
Auf dem Balkon
Im Schlosskeller
Im Spiegelsaal ...

Einladung

✏ Wen möchtest du einladen?
Schreibe eine Einladung für deinen Gast.

Die Prinzessin mag besonders gerne Gemüse.
Deswegen wünscht sie sich vom Koch einen Gurkensalat.
Der Koch schaut in seinem uralten, verkleckerten Kochbuch nach:

Zutaten:
1 Gurke, 1 Bund Schnittlauch,
1 Bund Petersilie, 1 Päckchen Quark, Salz, Pfeffer

Zuerst mu■t du d■ Gurke w■schen

und schn■den.

Da■ ka■st du den Quark

und die frisch■ Kr■ter mischen.

Mit Sal■ und Pfeffer würzen

un■ über die Gurke geb■.

Jetzt kannst du e■en!

kannst   die   geben   Kräuter
dann   frischen   essen
                musst   Salz
     waschen   und
              schneiden

✏ Versuche das verkleckste Rezept zu entschlüsseln.
Schreibe es noch einmal richtig ab und probiere es aus.

Schau einmal in ein Kochbuch,
was man aus Gemüse alles machen kann.
Bring dein Lieblingsrezept mit.

Das Hochzeitsfest wird geplant

Tomate • Bohne • Gurke • Zwiebel • Karotte • Blattsalat • Kartoffel • Blumenkohl

Oh, so viele Gäste! Ich brauche …

Der Koch braucht viele Zutaten in seiner Küche.
Schreibe auf:
Ich brauche 87 Tomaten, 20 …

Tomatensalat

Text und Melodie: mündlich überliefert

1. To-ma-ten-sa-lat, To-ma-ten-sa-lat, To-ma-ten-sa-lat, To-ma-ten-sa-lat, To-ma-ten-sa-lat, To-ma-ten-sa-lat, To-ma-ten-sa-lat!

2. Strophe: dasselbe – etwas schneller
3. Strophe: dasselbe – mit Klatschen
4. Strophe: Rha- bar- ber- kom- pott
5. Strophe: Scho- ko- la- den- eis

Der Koch erklärt seinem Gehilfen, was es alles geben soll.

Kennst du diese Speisen? Sprich in Silben und klatsche dazu.

Salat   Suppe   Kuchen

Birne
Kraut
Kürbis
Tomate
Gurke
Frucht   Gemüse   Apfel

✏ Es gibt:
Tomatensuppe, …

Gemüseball

Gestern Abend auf dem Ball
tanzte Herr von Zwiebel
mit der Frau von Petersil.
Ach, das war nicht übel.

Die Prinzessin Sellerie
tanzte fein und schicklich
mit dem Prinzen Rosenkohl.
Ach, was war sie glücklich!

Der Baron von Kopfsalat
tanzte leicht und herzlich
mit der Frau von Sauerkraut;
doch die blickte schmerzlich.

Ritter Kürbis, groß und schwer,
trat oft auf die Zehen.
Doch die Gräfin Paprika
ließ ihn einfach stehen.

(Werner Halle)

Wer tanzt hier mit wem?
Erfinde weitere Tanzpaare.

Herr Zwiebel tanzt mit …

Herzog …   Prinzessin …   Herr von …

Graf …   König …   Baronin …

Hast du Lust ein Tanzpaar zu malen?
Wähle ein Tanzpaar aus und schreibe dazu eine
eigene Gedichtstrophe in dein Geschichtenheft.

Als der Prinz am nächsten Morgen
zum Frühstück kam, hörte er die Leute unten
im Hof lachen und klatschen.
Viele hatten sich dort versammelt und
alle blickten zum Turm hinauf.
Hoch oben stand die Prinzessin
auf einem selbst gezimmerten Gerüst und
bemalte den Turm.
„Himmelblau ist meine Lieblingsfarbe!",
rief sie, als sie den Prinzen sah.
„Ein wenig Farbe kann deiner Burg
nicht schaden. Sie ist viel zu grau!"
Der Prinz überlegte nicht lange.
„Warte, ich helfe dir!", rief er.

Stell dir vor, du bist mit einem anderen Kind zusammen
ein Reporterteam*.
Was würdet ihr den Prinzen und die Prinzessin fragen?
Spielt das Interview in der Klasse vor.

So kannst du Kürbislampen machen:

TIPP:
Aus dem Fruchtfleisch kannst du
eine leckere Suppe kochen.
Die Kerne kannst du trocknen und im
nächsten Jahr einpflanzen oder in der
Pfanne rösten und knabbern.

*Lexikon Seite 166

1 Die neugierige Maus

Einmal fand eine 🐭 unterwegs eine 🍐.

Neugierig untersuchte die 🐭 die 🍐.

Ein 🍃 und ein) waren noch an der 🍐.

Der) war braun. Das 🍃 war grün.

Die 🐭 untersuchte das 🍃 genauer.

Eine 🐛 saß darauf. Die 🐛 lachte die 🐭 an.

Maus   Birne   Stängel   Blatt   Raupe

Namenwörter haben Begleiter.
Es gibt unbestimmte Begleiter:
ein, eine
und bestimmte Begleiter:
der, die, das.

2 Namenwörter mit Begleitern

Schreibe die Namenwörter aus der Geschichte mit ihren Begleitern auf.

ein, eine	der, die, das
eine Maus	die Maus
eine Birne	

3. Fund

3 Das große Essen

Der Koch hat zu wenig Vorräte.
Er schreibt einen Einkaufszettel.

10 Eier
4 Birnen
7 Zwiebeln
6 Bratwürste
3 Salate
2 Brote
5 Äpfel
8 Bananen
9 Zitronen

4 Einzahl und Mehrzahl

Ordne die Namenwörter in die Tabelle ein.
Was ändert sich beim Schreiben?

Einzahl	Mehrzahl
ein Ei	zehn Eier

Namenwörter stehen in der Einzahl, wenn etwas nur einmal vorhanden ist.
Namenwörter stehen in der Mehrzahl, wenn etwas mehrmals vorhanden ist.

zwei drei hundert sechs vier acht fünf elf eins sieben Zahlen zwölf neun zehn

Wörter üben: S. 158-161

5 Was kommt auf den Tisch?

Wasser   Decke
Tisch   Zucker   Milch
Salat   Tee   Kanne
Schüssel   Tasse   Dose   Glas

Zuckerdose, ...

Namenwörter kann man zusammensetzen.

6 Welche Zutaten sind hier versteckt?

Schinkenpizza   Kräuterquark   Obstsalat
Käsekuchen
Apfelmus   Rhabarberkompott   Kürbissuppe

Schinkenpizza – der Schinken, die Pizza

Zusammengesetzte Namenwörter kann man trennen.

Gemüse Apfel Birne Obst
Kraut machen Zwiebel Ei
Salz Zucker essen waschen
gesund frisch Brot fein
reich heiß schneiden

Wörter üben: S. 158–161

3. Fund

Frucht   Haut
Blatt   Nacht
   Ball
Apfel   Saft
   Busch
      Ast
Vogel   Rock
   Kopf   Maus

7 Eins, zwei, drei, … ganz viele!

ein Blatt   viele Blätter
ein Apfel   viele Äpfel
ein Kopf   viele Köpfe
ein …   viele …

Du kannst an der Einzahl erkennen, wie man die Mehrzahl schreibt.

Wenn man ein Namenwort in die Mehrzahl setzt, kann man hören, wie man die Endung schreibt.

8 Wie enden diese Wörter?

…d
Hand – Hände

das Bro■
das Hem■
der Käfi■
der Aben■

…t
Stift – Stifte

der Freun■
die Nach■
das Fel■
der Saf■

…g
Tag – Tage

der Nachmitta■
das Wor■
der Win■
das Pfer■

grube

Julias anderer Tag

Morgen Vormittag Mittag

Nachmittag

Abend

Nacht

Erzähle, was du an einem Tag machst.

Gestalte deinen Tag im Geschichtenheft.

Mein Tag

Ich stehe auf. Danach ...

Julia hat einen ganz besonderen Tag erlebt.
Das steht in dem Taschenbuch
„Julias anderer Tag".
Irmela Brender hat es geschrieben.

Irmela Brender wurde in Mannheim geboren und lebt jetzt in Sindelfingen, das ist nicht weit von Stuttgart. Sie arbeitete für Zeitungen und einen Verlag. Seit 1970 schreibt sie Bücher und macht Sendungen für den Hörfunk.

Draußen singen die Vögel.
Julia liegt im Bett
und macht das rechte Auge auf.
Die Sonne scheint
durch den Spalt im Vorhang.
Julia macht das rechte Auge wieder zu.
Sie will ihren Traum fertig träumen.
Bis Mutter kommt und sagt:
„Julia, Zeit zum Aufstehen."
Oder: „Wach auf, mein Schatz,
Frühstück ist fertig."
So ist es immer.

Aber gerade als Julia
mitten im Fertigträumen ist,
reißt ihre Mutter die Tür auf und ruft:
„Schnell, Julia, aufstehen!
In zehn Minuten
wird das Wasser abgestellt!
Sie reparieren was an den Rohren."
Mit einem Satz ist Julia aus dem Bett.
Gewöhnlich geht das nicht so schnell.

Spielt, wie die Mutter Julia weckt.
Wie wirst du geweckt? Wer will vorspielen?

Und da fällt Julia etwas ein:
Wenn der Tag schon
anders angefangen hat
als alle anderen Tage,
dann will sie heute auch
alles anders machen.

Ganz anders als sonst.
Anders als gestern
und vorgestern
und vorvorgestern.

Sonst ...

Heute will sie Zöpfe tragen.

Sonst ...

Heute will sie Müsli essen.

Sonst ...

Heute will sie einen Rock tragen.

Sonst ...

Fällt dir noch mehr ein?

heißen

machen

nehmen   trinken

haben

Auf dem Weg zur Schule
holt Julia sonst noch Gabi ab.
Gabi ist Julias beste Freundin.
Heute ist Gabi sicher schon weg.
Julia rennt. An der Ecke holt sie Helga ein.
Helga kommt oft zu spät.
Julia rennt immer noch.
Und jetzt rennt Helga auch.
„Wer Erster ist!", ruft Helga.
Sie kommen gleichzeitig an.
Gerade noch vor dem Klingeln.

Was könnte Julia auf dem Schulweg heute noch anders machen?

Heute rennt Julia über die Baustelle. Dort …

Lies deinen Text einem anderen Kind vor.
Ist alles klar? Oder könnt ihr noch etwas verbessern?
Schaut auch auf Seite 155 nach.

In der ersten Stunde haben sie Rechnen.
Julia macht sich nichts aus Rechnen.
Der Lehrer schreibt Aufgaben
an die Tafel und fragt: „Alles klar?"
Die Kinder nicken und versuchen
gescheit auszusehen.
Vielen ist gar nichts klar.
Sie fragen daheim ihre Mütter.
Heute meldet sich Julia.
„Ja, Julia?"
„Mir ist gar nichts klar", sagt Julia.
„Können Sie das
noch einmal erklären?"
Der Lehrer staunt.
„Ist noch jemand da,
der das nicht verstanden hat?"
Helga hebt die Hand.
Dann Gabi. Dann Tim.
Dann sind alle Hände oben.

Was tust du,
wenn du etwas nicht verstanden hast?

Gesprächsregeln der 2b

1. Wenn wir etwas nicht verstanden haben, melden wir uns.

2. Wir hören einander zu.

3. Wir lassen andere Kinder ausreden.

In der Pause spielt Julia mit Gabi und Helga.
Wer darf anfangen?

Ene, mene, subtrahene,
dive, dave, domino,
Ecka Brocka,
Kasenocka,
zinke, zanke, drauß.

Ratzefummel,
Tintentod,
Hundekuchen,
Pausenbrot,
Stroh im Kopf
und Grips im Knie,
Einmaleins,
das lern ich nie.
Drei mal drei
ist sechs plus drei.
Wenn das stimmt,
dann bist du frei.

Sonne, Mond und Sterne,
Kekse ess ich gerne.
Geisterstunde,
Fledermaus,
eins, zwei, drei und du bist raus.

Welche Abzählreime kennst du?

Kannst du diesen Spruch laut lesen?

Hollertauch und Apfelstrudel,
Hasenöhrl und Kirtanudel,
Weinbeerlweckerl, Topfenkuacha,
– du muasst suacha.

Sammelt Abzählreime aus eurer Gegend.

Nach der Schule gehen
Julia und Gabi und Helga
den Heimweg zusammen.

„Von mir aus könnt ihr zwei heute Mittag
auf meinem Rad fahren", sagt Gabi.
„Ich komme."
„Ich komme auch."

Schreibe die Sätze auf Papierstreifen
und ordne sie.
Dann erfährst du, was Julia erlebt hat.

Es ist eine richtige Wackelfahrt.

Gabi hat ein schönes Rad.

Dann fällt sie hin.

Aber heute traut sie sich.

Julia ist noch nie damit gefahren.

Julias Knie blutet.
Sie muss zum Arzt.
Helga sagt:
„Meine Mutter
kennt sich da auch aus.
Die ist nämlich Tierärztin.
Knie ist Knie,
ob bei einem Menschen
oder bei einem Dackel.
Sie hat jetzt Sprechstunde.
Wir setzen uns ins Wartezimmer,
bis sie herauskommt."

fünfter sein

tür auf
einer raus
einer rein
vierter sein

tür auf
einer raus
einer rein
dritter sein

tür auf
einer raus
einer rein
zweiter sein

tür auf
einer raus
einer rein
nächster sein

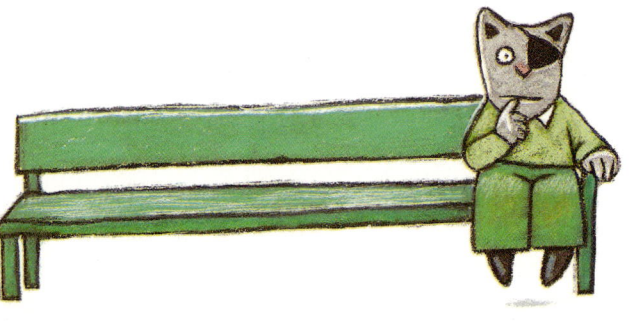

tür auf
einer raus
selber rein
tagherrdoktor

(Ernst Jandl)

Am Abend will Julia am Computer arbeiten.
Mama hilft ihr.
Julia schreibt und schreibt.
Der Computer zeigt nur ein falsches Wort an.
Julia druckt auf gelbes Papier.

Was machst du, wenn du abends nicht fernsiehst?

Julia träumt. Dabei geht ihr der Tag durcheinander.

Schreibe den Traum in dein Geschichtenheft.

Der Traum von meinem verrückten Tag

Morgens hat mich meine Lehrerin geweckt: „Wach auf, mein Schatz!"
...

Mit euren Geschichten könnt ihr
eine Vorlesestunde gestalten.
Überlegt euch dabei eine andere Sitzgelegenheit als sonst.
Wichtig ist: Es soll gemütlich sein!

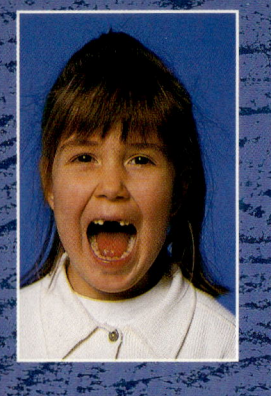

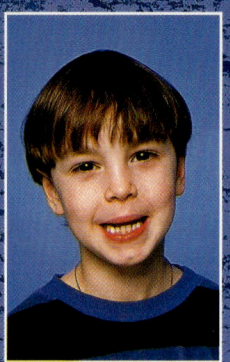

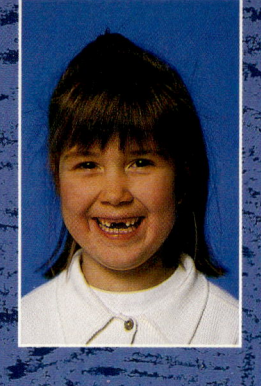

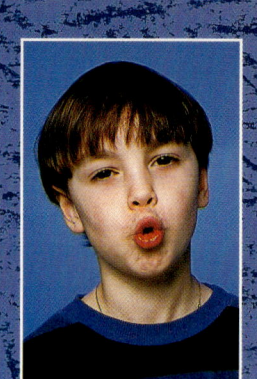

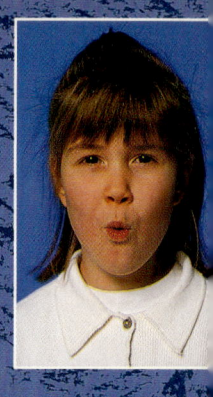

1 Wortpaare

Findest du die Wortpaare? Schreibe sie ins Heft.
Sie unterscheiden sich in einem Selbstlaut.
Kreise ihn ein.

K(a)sten – K(i)sten

Kasten haben Schlange Kisten loben Onkel heben Geld
danken Schlinge waschen Enkel Puppe Schule wischen
Tante Gold Pappe Schale leben Tinte denken

> a, e, i, o, u sind Laute, die von selbst klingen. Deshalb nennt man sie Selbstlaute.

2 Einmal alles anders machen

H■te mache ich ■nmal alles anders:
Ich klettere ■f ■nen B■m.
Ich r■te ■f ■nem Pferd.
In der P■se l■fe ich ■f den Händen.
Ich lache, wenn ich tr■rig bin.
Ich suche mir ■nen n■en Fr■nd.
Ich mache m■ne H■s■fgaben sofort.

Schreibe die Sätze auf, die zu dir passen.
Kreise (au), (ei) und (eu) ein.

> Es gibt auch doppelte Selbstlaute: au, ei, eu.

4. Fund

3 Das hölzerne Männchen

Dieser kleine Mann ist aus Holz. Es ist das hölzerne Männchen.
Das ist das Häuschen vom 🯅.
Das ist das Türchen vom 🏠 vom 🯅.
Das ist das Schlüsselchen vom 🚪 vom 🏠 vom 🯅.
Das ist das Bändchen am 🗝 vom 🚪 vom 🏠 vom 🯅.
Das ist das Mäuschen, das das 🎀 zernagt hat am 🯅 ...
Das ist das Kätzchen, das das 🐭 gefressen hat, das ...
Das ist das Hündchen, das das 🐱 gebissen hat, das ...

Wer kann alle Sätze vollständig sprechen?

Schreibe Wortpaare: Mann – Männchen, Haus – ...

> Aus den Selbstlauten a, o, u, au werden die Umlaute ä, ö, ü, äu.

4 Geheimschrift

Rtzfmml, Tntntd, Hndkchn, Psnbrt

Kannst du das lesen?
Schau notfalls auf Seite 51 nach.

> Laute, die nur mit einem Selbstlaut klingen, heißen Mitlaute.

arbeiten Aufgabe Computer
müssen helfen Klasse
Weg   Schule Papier
Satz
Minute Stunde warten Tasche legen
Wort schnell Sekunde stehen

Wörter üben: S. 158–161

grube

5 Was magst du?

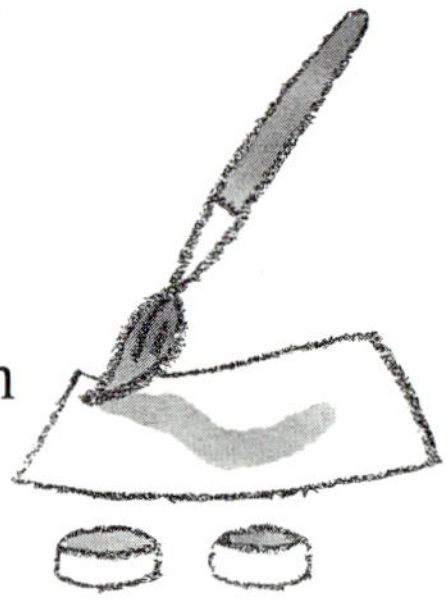

Julia mag singen
denken
lesen
malen
spielen
rechnen
lachen
lernen
aber streiten mag sie nicht.

Tunwörter beschreiben, was Menschen tun.

6 Du darfst entscheiden

Willst du
… Pizza, Pommes oder Spagetti essen?
… im Comic oder im Lexikon lesen?
… telefonieren oder einen Brief schreiben?
… Saft oder Tee trinken?
… gehen oder warten?

Ich möchte heute Pommes essen.
Ich …

bringen
Pizza
Pommes
Uhr
Schere

Telefon
Lexikon
Spagetti
Stift
gehen
lernen
Thermometer
malen
Füller
rechnen
Saft
lesen
denken
wollen
Temperatur

Wörter üben: S. 158–161

4. Fund

7 Ameisen krabbeln

Ameisen krabbeln auf Ameisenhaufen,
Ameisen schwimmen, wo Hasen laufen,
Ameisen sitzen am Straßenrand,
Ameisen krabbeln an jeder Wand.
Ameisen hocken in Mauerritzen,
Ameisen hüpfen auf Kirchturmspitzen,
Ameisen krabbeln in Blumenschalen,
Ameisen tragen Socken, Sandalen,
Ameisen strampeln in Honigtöpfen,
Ameisen pfeifen in Pfeifenköpfen,
Ameisen krabbeln überall.

(nach Hans Baumann)

> Tunwörter beschreiben, was Tiere tun.

Was tun sie denn wirklich, die Ameisen?
Schreibe die Tunwörter auf: **Ameisen krabbeln, ...**

fahren   hupen   blinken   überholen   rasen   bremsen

8 Was tun die Dinge?

Uhren	messen
Stifte	klingeln
Scheren	malen
Thermometer	schneiden
Telefone	gehen

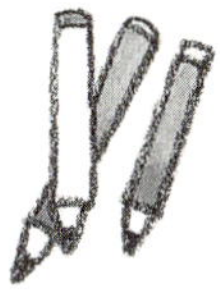

**Uhren gehen.
Stifte ...**

> Tunwörter beschreiben, was Dinge tun.

quietschen   rollen   rattern   qualmen

grube

So groß ist der Mond

Tom hat ein Nachtbild gemalt.
Was entdeckst du auf seinem Bild?
Welche Geräusche kannst du dir zu Toms Bild vorstellen?

Scheint der Mond nachts manchmal auch zu dir ins Zimmer?

... im dunklen Zimmer...

... am Abend draußen...

Erzählt von Mondschein-Erlebnissen.

Das Mond-Gesicht

Der 🌕 traf einmal zwei ⭐⭐.
Sie strichen ihm übers
Gesicht und lachten.
„Warum lacht ihr?",
fragte der 🌕.
„Weil du immer
ein 🌕-Gesicht hast",
antworteten die ⭐⭐.
Da wurde der 🌕 traurig.
Aber die ⭐⭐
merkten es nicht.
Denn der 🌕 sah stets gleich aus.
An diesem Tag versuchte der 🌕
Grimassen zu schneiden.
Er übte zu lächeln und auch böse auszusehen.
Seither hat der 🌕 viele Gesichter.
Er hat ein Gesicht für montags und eines für dienstags.
Bei Schnee leuchtet er fröhlich. Bei Regen macht er eine lange Nase.
Der 🌕 kann lachen und weinen.
Nie wieder hat sich ein ⭐ über ihn lustig gemacht.

(Sabine Jörg)

Er hat zwei Augen, Nas und Mund. Der Mond, der Mond ist rund.

Denke dir zu der Geschichte
ein Mond-Gesicht aus und male es.
✏ Schreibe dann zu dem Bild.

So viele Gesichter hat der Mond.

Der Mond macht eine lange Nase.

Der Mond lacht.

Der Mond streckt die Zunge heraus.

die Backen aufblasen

sich an den Ohren ziehen

weinen   **lachen**

mit den Augen zwinkern

Der Mond kann noch ganz andere Grimassen schneiden:

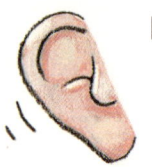

Der Mond **verzieht** mit den Ohren

und er **wackelt** dabei die Augen.

Er **rollt** den Mund.

Dabei **schnauft** er seine Zähne

und **zeigt** ganz fürchterlich durch die Nase.

Schreibe den Text in dein Heft.
Setze die Wörter dabei richtig ein.

Lies den fertigen Text einem anderen Kind vor.
Probiert gemeinsam die Grimassen aus.

Bilder erzählen Geschichten vom Mond …
Ihr könnt weitere Bilder vom Mond sammeln,
bis ihr eine Ausstellung zusammenhabt.

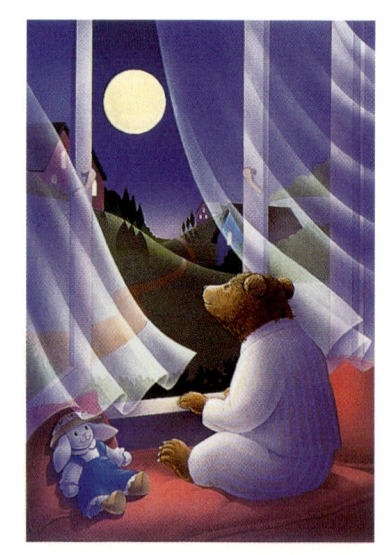

✏️ Setze Mond**wörter** zusammen.

der
die
das

Mond

Schein
Rakete
Flug
Landung
Silber*
Gestein
Licht

Mondwörter für Mondgeschichten

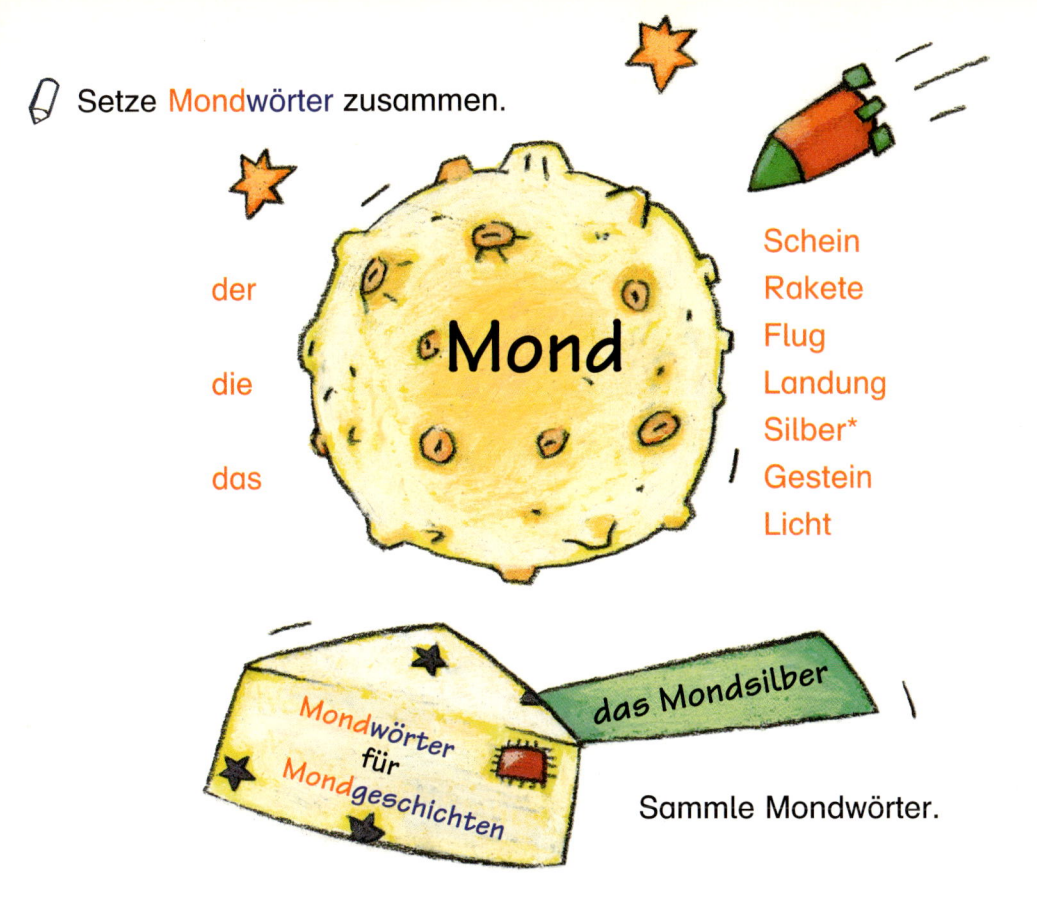

das Mondsilber

Sammle Mondwörter.

Für deine Geschichten kannst du dir ein kleines Heft basteln.

✏️ Schreibe in Stichpunkten auf, wie das Heft gebastelt wird.

Ich brauche:
1. ein Schreibheft
2. eine Schere
3.

---

* Lexikon Seite 165

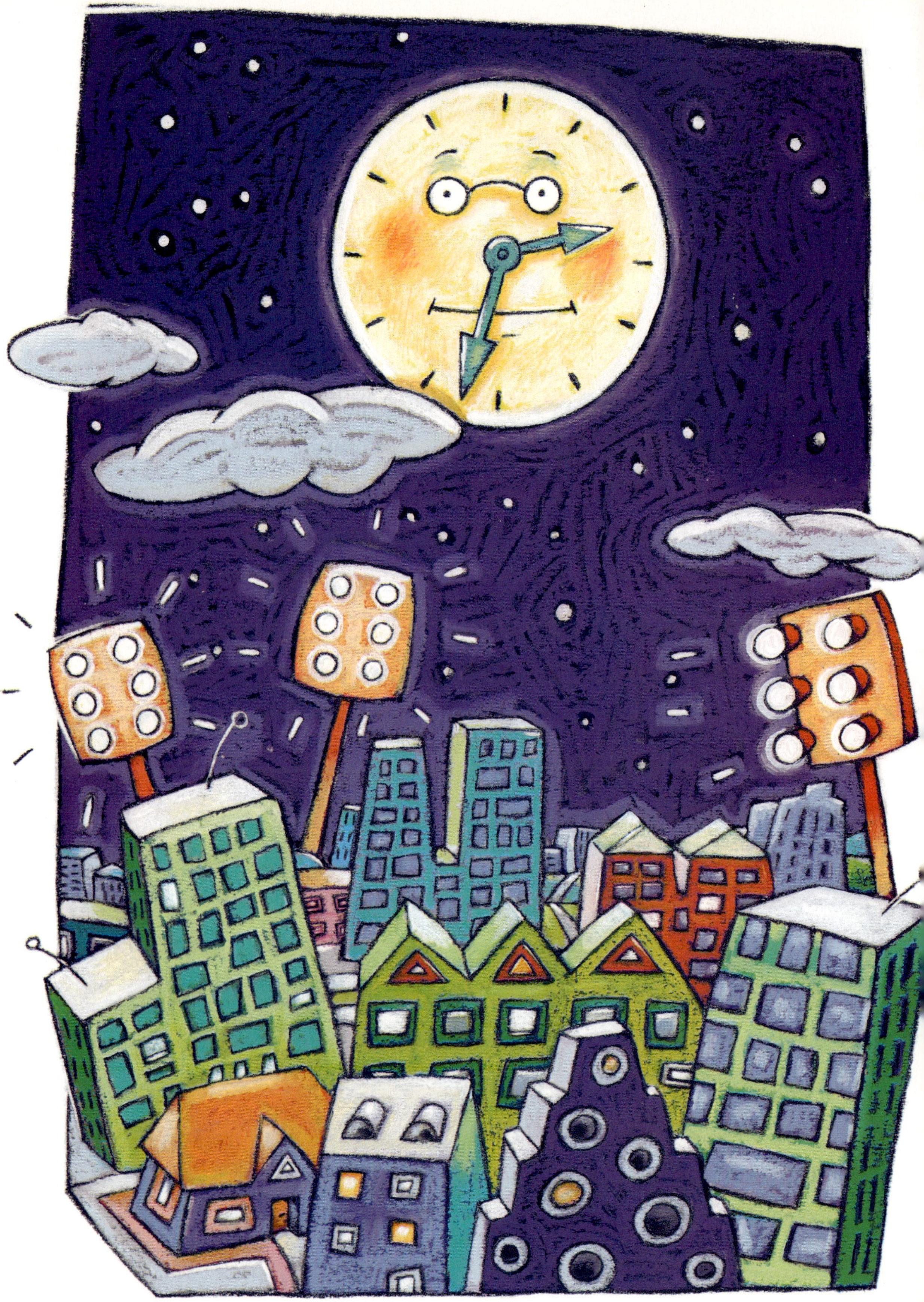

das Mondlicht

die Mondrakete

der Mondflug

Die Monduhr

Ich sehe eine Stadt mit vielen Hochhäusern. Über der Stadt sind riesige Scheinwerfer aufgehängt. Es ist eine Stadt aus der Zukunft. Da gibt es keinen richtigen Mond mehr und kein Mondlicht und natürlich auch keine Mondflüge und Mondraketen. Die Menschen haben nämlich aus dem Mond eine Uhr gemacht. Damit wissen sie, wann die Nacht vorbei ist.

*Sabine Jörg wurde in Alsfeld geboren
und verbrachte ihre Kindheit in Bremen.
Jetzt lebt sie in München.
Sie macht Sendungen für den Hörfunk und
das Fernsehen und
schreibt Bücher für Kinder und Erwachsene.
Eines ihrer Bücher handelt vom Mond,
es heißt: „So groß ist der Mond".
Darin steht die Geschichte von Ernst und Anna:*

Sabine Jörg

Ernst und Anna erzählen sich
Geschichten vom Mond.

Anna ist sieben Jahre alt.
Ernst erst sechs.
Anna bildet mit den Armen
einen Kreis und sagt:
„Sooo groß ist der Mond.
Er ist größer als alle Bälle
und Melonen und Luftballons.
Der Mond ist ein Riese."

Und nach einer kleinen Pause:
„Na ja, so groß ist der Mond
auch wieder nicht.
Die Erde ist größer als der Mond
und die Sonne ist noch viel größer.
Wenn ich durchs Fenster schaue,
sieht der Mond so winzig aus
wie eine Murmel.
So ist das mit dem Mond."

Merkur
Venus
Erde
Mond
Mars
Jupiter

Anna sagt:
„Sooo groß ist der Mond.
Er ist größer als alle Bälle.
Er ist größer als …
Er ist größer als …
Der Mond ist ein Riese."

Vergleiche die Größe der Planeten*.

**Der Mond ist kleiner als die Venus.
… ist kleiner als …**

**Die Erde ist größer als der Mars.
… ist größer als …**

*Lexikon Seite 166

Anna zeichnet
einen Kreis in den Sand.

Sie sagt:
„Meistens ist der Mond
nicht rund und voll.
Schmal wie ein Hörnchen
sieht er oft aus."

Anna weiß, warum das so ist.
Sie erzählt:
„Mondschein ist
eigentlich Sonnenlicht.
Wirklich!

Die Sonne leuchtet auf den Mond.
Dadurch scheint er.
Er glänzt im Sonnenlicht.

Von der Erde aus
sehen wir immer nur
das Stückchen Mond,
das die Sonne anstrahlt.
Eine Mondsichel
steht am Himmel.
Aber der ganze Mond ist da.
Wir erkennen nur einen Teil.

So ist das mit dem Mond."

Vollmond

Halbmond

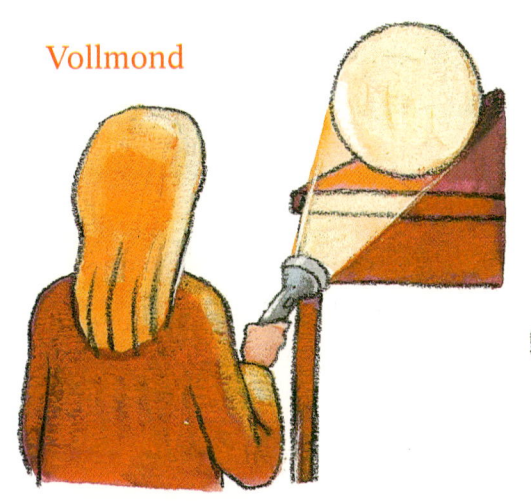

Du kannst dazu
einen Versuch machen.

Du brauchst einen Ball,
das ist der Mond,
und eine Lampe,
das ist die Sonne.

Verdunkle nun den Raum.
Wenn das Licht von oben
kommt, ist der Ball im Licht.

Wenn das Licht von der Seite
kommt, ist ein Teil des Balls
im Schatten.

Der Mondkalender

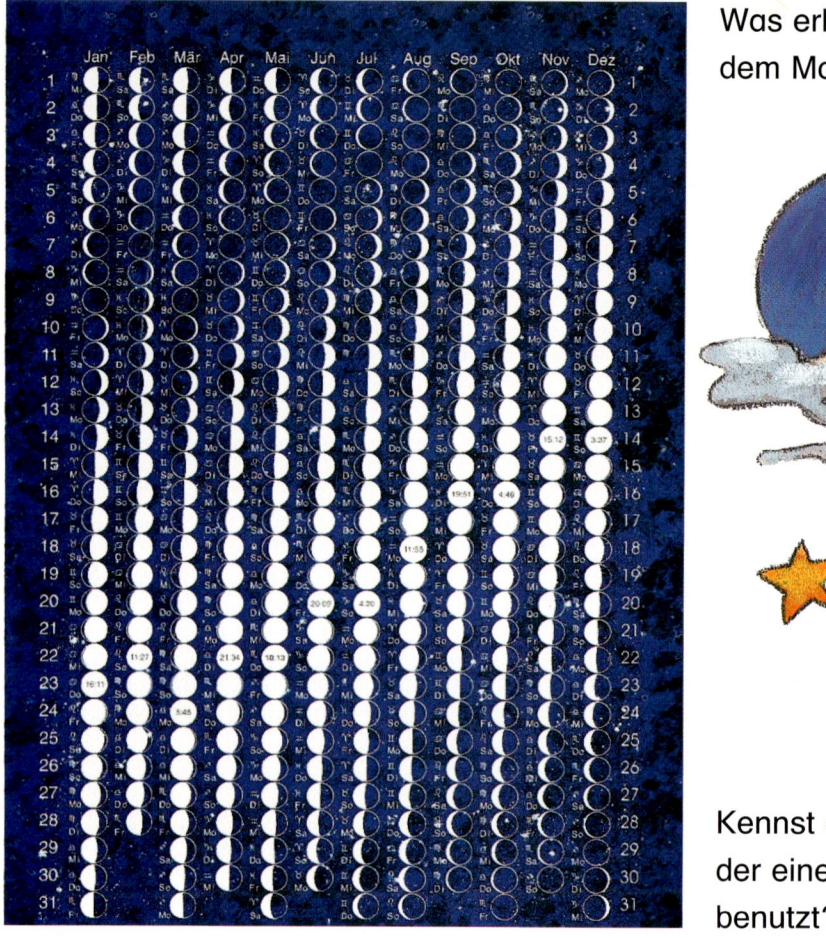

Was erkennst du auf dem Mondkalender?

Kennst du jemanden, der einen Mondkalender benutzt?

Lies die Monatsnamen in der richtigen Reihenfolge.

September   Januar   März   Oktober   Dezember   Juni
August   Februar   Juli   November   April   Mai

Welche Monate gehören zu diesen Jahreszeiten?

Winter   Frühling   Sommer   Herbst

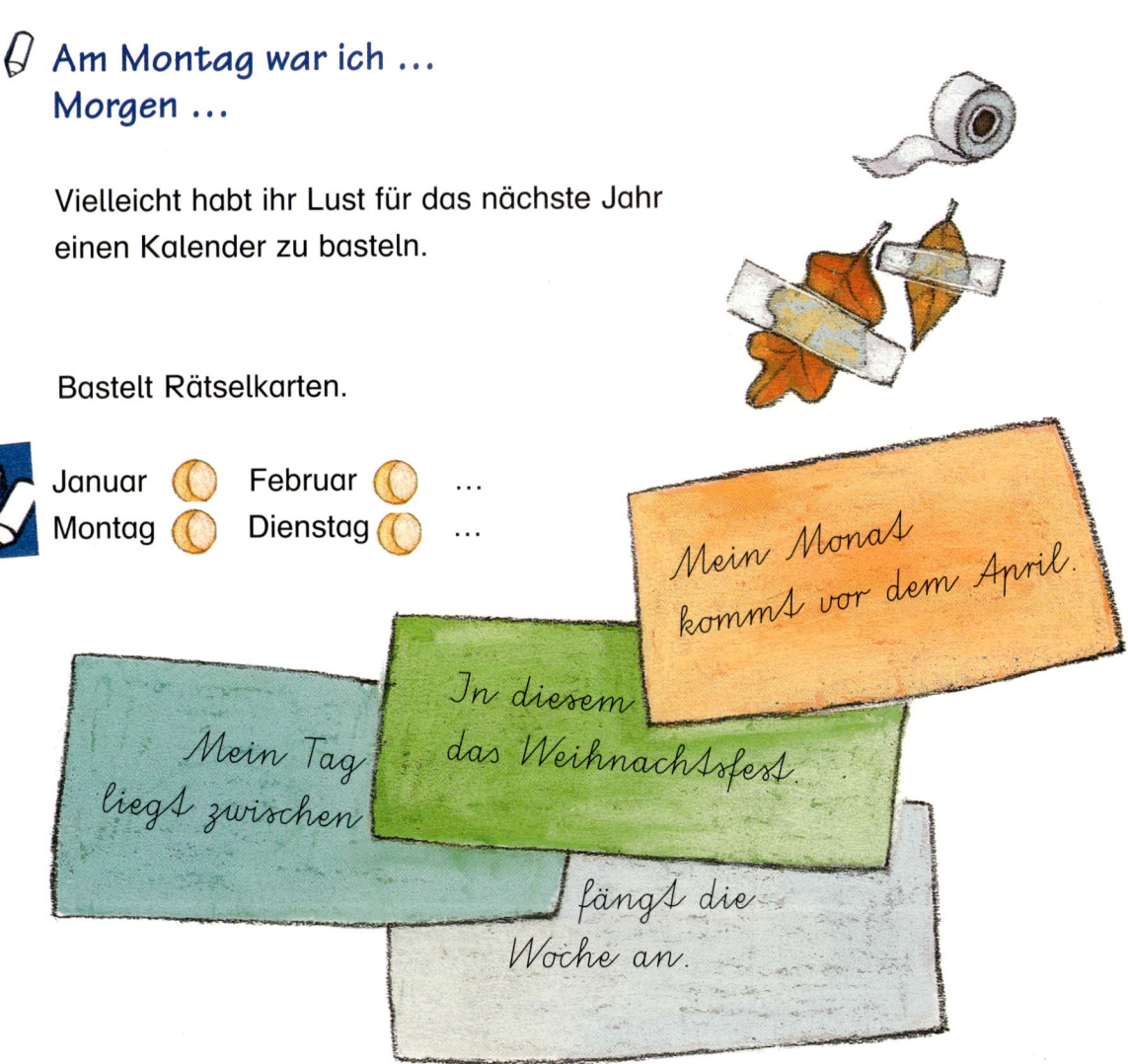

Di 2 Dienstag
Mi 3 Mittwoch
Do 4 Donnerstag
Fr 5 Freitag
Sa 6 Samstag
So 7 Sonntag
Mo 1 Montag

Wie sieht deine Woche aus?

gestern   heute   morgen

Am Montag war ich …
Morgen …

Vielleicht habt ihr Lust für das nächste Jahr einen Kalender zu basteln.

Bastelt Rätselkarten.

Januar Februar …
Montag Dienstag …

Mein Monat kommt vor dem April.

In diesem … das Weihnachtsfest.

Mein Tag liegt zwischen …

… fängt die Woche an.

69

Anna erzählt:

„Auf dem Mond wachsen keine Bäume.
Es gibt kein Gras und keine Erde.
Auf dem Mond gibt es kein Wasser und keine Luft.
Der Mond ist bedeckt mit Staub und Steinen.
Riesige Krater hat der Mond.
Das sind Löcher, die von Bergen umringt sind.
Eine richtige Mondlandschaft ist auf dem Mond.
So ist das mit dem Mond."

Auf dem Mond gibt es: Staub, …
Auf dem Mond gibt es nicht: Bäume, …

Ernst hat ein Buch über die Mondlandung:

Setze die Wörter beim Lesen richtig ein.

Die Mondfähre	landen	auf dem Mond.
Die Mondfahrer	betreten	die Mondoberfläche.
Einer	errichten	die amerikanische Flagge.
Jeder	machen	Untersuchungen.
Sie	nehmen	Bodenproben.
14 Stunden später	beginnen	der Rückflug zur Erde.

Einige Zeit sitzen Ernst und Anna
ganz still nebeneinander.
Dann sagt Anna: „Der Mond ist groß und stark.
Der Mond ist ein Mann.
Das weiß ich von meinem Papa."
Ernst runzelt die Stirn.
Da erklärt Anna:
„Es heißt der Mond.
Genauso heißt es der Mann.
Man sagt ‚der Riese'.
Oder ‚der Kraftprotz'.
Der Mond ist riesig und kräftig.
Darum ist er ein Mann.
So ist das mit dem Mond."
Ernst denkt an seine Oma.
Sie stammt aus Italien.
Dort sagt man zum Mond: Luna.
Luna ist eine Frau.
Luna ist so schön wie Tau und weiß wie Milch.
Oma hat von Luna eine Geschichte erzählt.

„Eines Tages verliebte sich ein Hirte in Luna.
Er sah die ganze Nacht in den Himmel
und fand keinen Schlaf.
Tagsüber träumte er von Luna.
Da verstreuten sich die Schafe.
Bald hatte der Hirte alle Tiere verloren.
Er weinte jämmerlich.
In seiner Verzweiflung streckte er die Arme zu Luna empor.
Da geschah etwas Merkwürdiges.
Der Hirte glitt mitten in den Himmel hinein.
Nun war er Luna ganz nahe.
Auch seine Schafe fand er wieder.
Sie hatten bei Luna auf ihn gewartet."

1 Wer tut was?

Menschen denken.
Tiere wachsen.
Pflanzen ...
Dinge ...

reisen
blühen
fliegen
rollen
schreiben
welken
kriechen
quieken
fallen
bezahlen

Tunwörter können in der Grundform stehen: denken.

Tunwörter können ihre Form ändern:
ich denke   wir denken
du denkst   ihr denkt
er denkt   sie denken

---

2 Auf dem Rodelberg

Es schneien.
Auf dem Hang rodeln viele Kinder.
Anja rutschen auf einer Plastiktüte.
Das machen Spaß
und sie bekommen ein ziemliches Tempo.
Unten am Hang stehen Udo auf seinen neuen Schiern.
Hoffentlich bemerken er Anja rechtzeitig.

Es schneit. ...
Unterstreiche die Tunwörter.

5. Fund

Ostern
Christbaum
Schnee
Nebel
Sommer
Woche

Wörter üben: S. 158–161

baden
Monat Jahr Winter Frühling
Kalender Weihnachten Zeit
Herbst

3 Sätze würfeln

ich	du	er, sie, es	wir	ihr	sie
⚀	⚁	⚂	⚃	⚄	⚅
…e	…st	…t	…en	…t	…en

sagen   schreiben   singen   waschen   stehen   wohnen
reisen   zeigen   zählen   turnen   spielen   gehen

⚁ Du sagst.   ⚄ Ihr wohnt.

grube

4 Was bringt mir das Jahr?

Lache ich viel im Januar,
habe ich Spaß fürs ganze Jahr.

Laufe ich Schi im Februar,
ist der Monat wunderbar.

Kommt im März die Sonne raus,
packe ich meine Rollerskates aus.

Baue ich im April ein Nest,
kriege ich was zum Osterfest.

Im Mai gehe ich gern wandern,
allein oder mit andern.

Das soll mir der Juni bringen:
Ich werde mit dir Seilchen springen.

Im Juli fällt die Schule schwer,
viel lieber wäre ich am Meer.

Sommer, Sonne, Wasser, Sand,
im August liege ich am Strand.

Im September esse ich gerne
Äpfel, Birnen, Kürbiskerne.

Heult im Oktober Wind ums Haus,
hole ich meinen Drachen raus.

Im November sitze ich im Zimmer,
nehme ein Buch und lese immer.

Im Dezember schreibe ich Karten,
weil alle auf das Christkind warten.

5 Was bringt dir das Jahr?

Diese Sprüche kannst du auch an deinen Freund oder deine Freundin schreiben.
Dazu musst du sie umschreiben:

Was bringt dir das Jahr?

**Lachst du viel im Januar,
hast du Spaß fürs ganze Jahr.**

Suche dir Sprüche aus, die zu deinem Freund oder deiner Freundin passen.

5. Fund

Licht hell
heute
Sonne Nacht
groß Mond
kalt Abend
morgen

dunkel
scheinen Himmel
Tag gestern

Wörter üben · S. 158–161

6 Ein Tag im Winter

Schlitten Rodelberg Schneemann Schi Rodelbahn

rollen bauen schlittern formen fliegen bekommen
rutschen sausen frieren werfen schneien rodeln

Eis Schneehöhle Schneeflocken Schnee Schneeball

grube

75

Eins, zwei, drei...

PICOBELLO

DER BERÜHMTESTE FREILICHTZIRKUS DER WELT

...Manege frei!

Welche Artisten*
treten in diesem Zirkus auf?

Ich bin ein Riese.
Ich laufe auf Stelzen.
Ich bin ein Mann.
Ich bin der Riesen-Stelzen-Mann.

Ich stehe auf einem Seil.
Ich bin eine Tänzerin.
Ich bin die Seil-Tänzerin.

Ich weiß einen Zauber.
Der ist in einer Kugel.
Ich bin ein Mann.
Ich bin der Zauber-Kugel-Mann.

Ich bewege mich wie eine Schlange.
Ich bin aber ein Mensch.
Ich bin der Schlangen-Mensch.

Findest du diese Artisten auf dem Plakat?
Was tun sie?

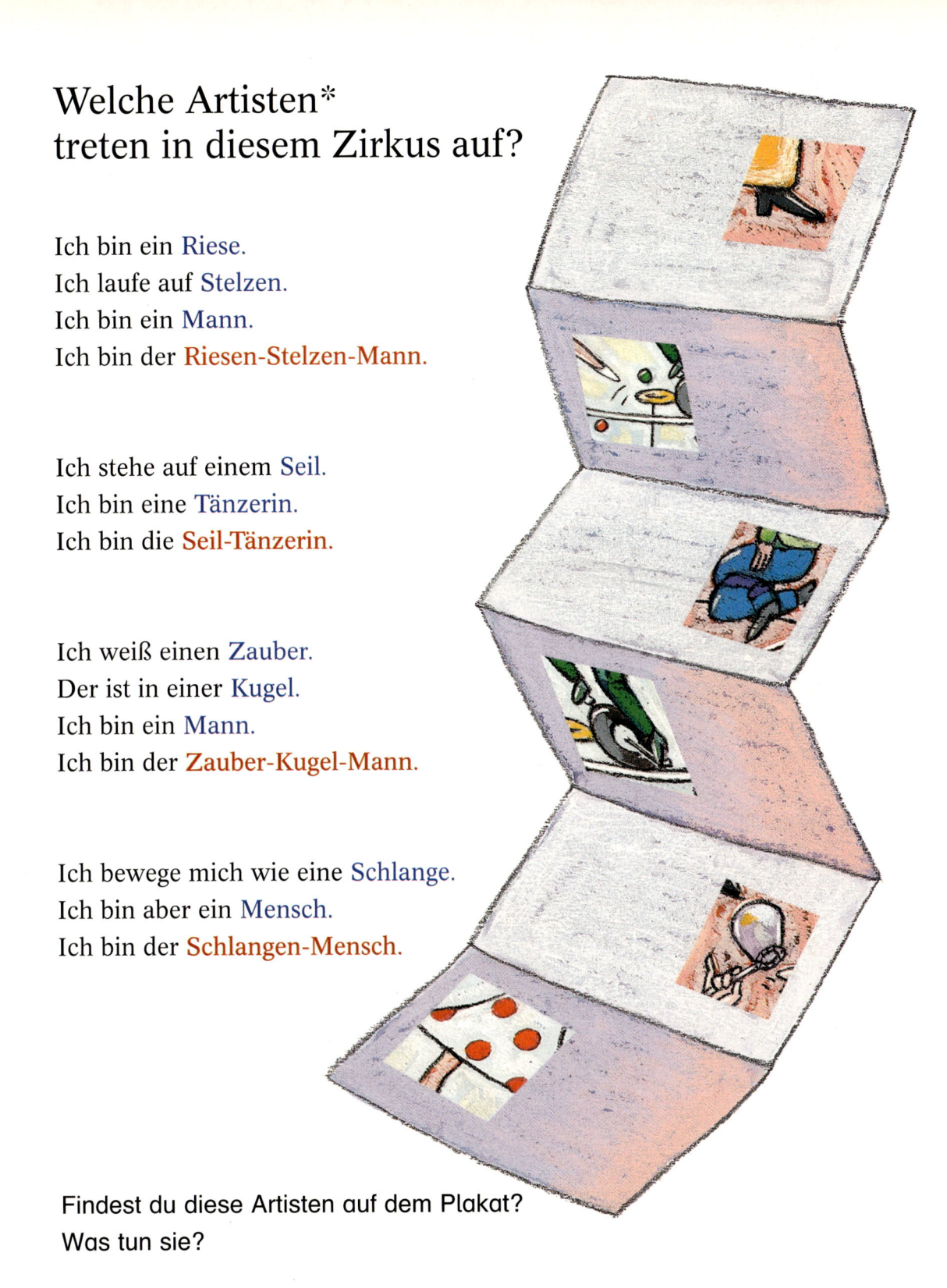

* *Artisten: Zirkus-Künstler*
** *Jongleur, sprich: schonglör*

Ich brauche:
- bunte Tücher

Ich brauche:
- ein dickes Seil
- einen kleinen Regenschirm
- ein Röckchen

Welches Kunststück
könntest du zu Fasching vorführen?
🖍 Was musst du dafür mitbringen?

🖍 Erzähle im Geschichtenheft vom Klassen-Zirkus:

Ich bin Jonas, der Schlangenmensch. Ich kann mir das rechte Bein um den Hals legen.

Der Schlangenmensch ist ein Artist,
der ausgesprochen biegsam ist.

Erlegtsichvoreuchaufden Bauch,
erhebtden Kopf,die Füßeauch,
biegtsichganzlangsamweiterso
undküsstsichselberaufden Po.
ErschlingtdieBeineumdieKehle,
stecktindenMunddaskleineZehle,
legt'slinkeOhraufseinen Magen,
wirddannbehutsamweggetragen.

Er hat es allen streng verboten,
vor Publikum* ihn aufzuknoten.

(Karlhans Frank)

Schreibe das Gedicht richtig auf.

Was kann euer Schlangenmensch? Jedes Kind schreibt einen Satz auf einen Papierstreifen …

*Publikum: Zuschauer

Der Schlangenmensch ist ein Artist,
der ausgesprochen biegsam ist.

Er nuckelt am großen Zeh.

Er schaukelt.

Er winkt mit dem Fuß.

Er umarmt sich.

Er hat es allen streng verboten,
vor Publikum ihn aufzuknoten.

Wie Zirkuskinder leben

Seit gestern ist der Zirkus Tortellini in unserer Stadt

Chris (10) erzählt:

Meine Eltern haben einen kleinen Zirkus. Wir haben nur wenige Tiere und Artisten. Alle aus unserer Familie müssen helfen und mitmachen.

Vor der Schule füttere ich jeden Morgen die Pferde und mache den Stall sauber. Dann gehe ich los. Der Unterricht fängt um 8 Uhr an und dauert bis 13 Uhr.

Nach der Schule muss ich für meinen Auftritt proben. Manchmal übe ich ein neues Kunststück. Alois, mein Vater, ist sehr streng und nicht so lustig wie abends als Clown*. Er will, dass ich meine Arbeit gut mache.

Um 15 Uhr ist die erste Vorstellung, dann eine um 17 Uhr und die letzte am Abend. Oft schaffe ich dann die Hausaufgaben für den nächsten Tag nicht mehr.

Lies einem anderen Kind zu jedem Bild den passenden Satz vor.

*Clown, sprich: klaun

Wer ist das?

Er hat bunte Schuhe an und eine rote Nase auf.
Sein Hemd und seine Hose sind viel zu groß.
Alle Kinder lachen über ihn.
Er muss jeden Tag üben,
damit alles ganz leicht aussieht.
Er fährt mit seinen Leuten von Ort zu Ort.

„Hallo, Clown, da bin ich!", sagt Sara.
„Ich bin die Sara und ich will mit dir ein Clown sein.
Freust du dich?"

Der Clown schaut sich die Sara an und lacht.
Ein Kinderclown, warum denn nicht?
Das wär' doch mal was anderes.
Kleider hat er auch genug,
die werden der Sara schon passen.
Und überhaupt gefällt sie ihm, die Sara,
wie sie so dasteht und ein Clown sein will!
„Wir wollen es versuchen, Sara", sagt der Clown.
„Komm rein, wir müssen dich doch schminken."

aus: Die Sara, die zum Circus will (Gudrun Mebs)

Ein Clown wird geschminkt

Pappteller anmalen,
Farbe trocknen lassen

Clowngesicht
aufmalen

Haare aus Bast
oder Wolle ankleben

Du brauchst:
- einen Pappteller
- einen Farbkasten
- einen Pinsel
- Klebstoff
- eine Schere
- Wolle oder Bast

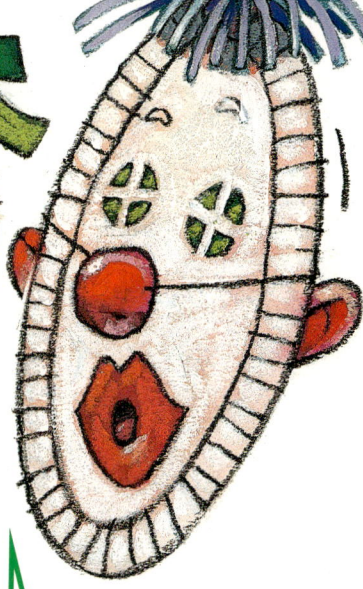

Hallo, du,
wir könnten doch
gut zusammen
auftreten.

Ja, vielleicht,
aber irgendwie
passt mir deine
Nase nicht.

Manche Clowns sprechen nicht bei ihrer Vorstellung.
Sie arbeiten mit Pantomime.

Stell dir vor,
du willst mit deinem Hund
spazieren gehen.

Dein Hund rührt sich aber nicht
von der Stelle.
Er schnüffelt lieber an einem
Fahrrad.

Du ziehst kräftig an der Leine.
Man sieht deine Anstrengung
im Gesicht.
Du bist ratlos.

Plötzlich saust dein Hund los.
Bewege die Leine mit einem
heftigen Ruck an dir vorbei.

Du läufst deinem Hund hinterher.
Er reißt an der Leine.

Führt pantomimisch Situationen vor.
Wer erkennt, was gemeint ist?

✎ Suche dir einen Clown aus und beschreibe ihn.

*Alle Clowns hat
Nikolaus Heidelbach gemalt.*

In die Arena schlurft ein Clown.

Auf seiner Nase ist _____.

Auf dem Kopf hat er _____.

Um den Hals hat er _____.

Er trägt _____.

eine Flie ge
eine Schlei fe
eine Glat ze
Schu he   eine Ho se
eine Ba de kap pe
eine Plas tik ku gel   ein Ha se
eine Ja cke
eine Maus
Hand schu he   einen Man tel
einen Ba de an zug   ein Seil   drei Haa re

Lies vor und lass die anderen raten.

Der Zirkus fährt weiter

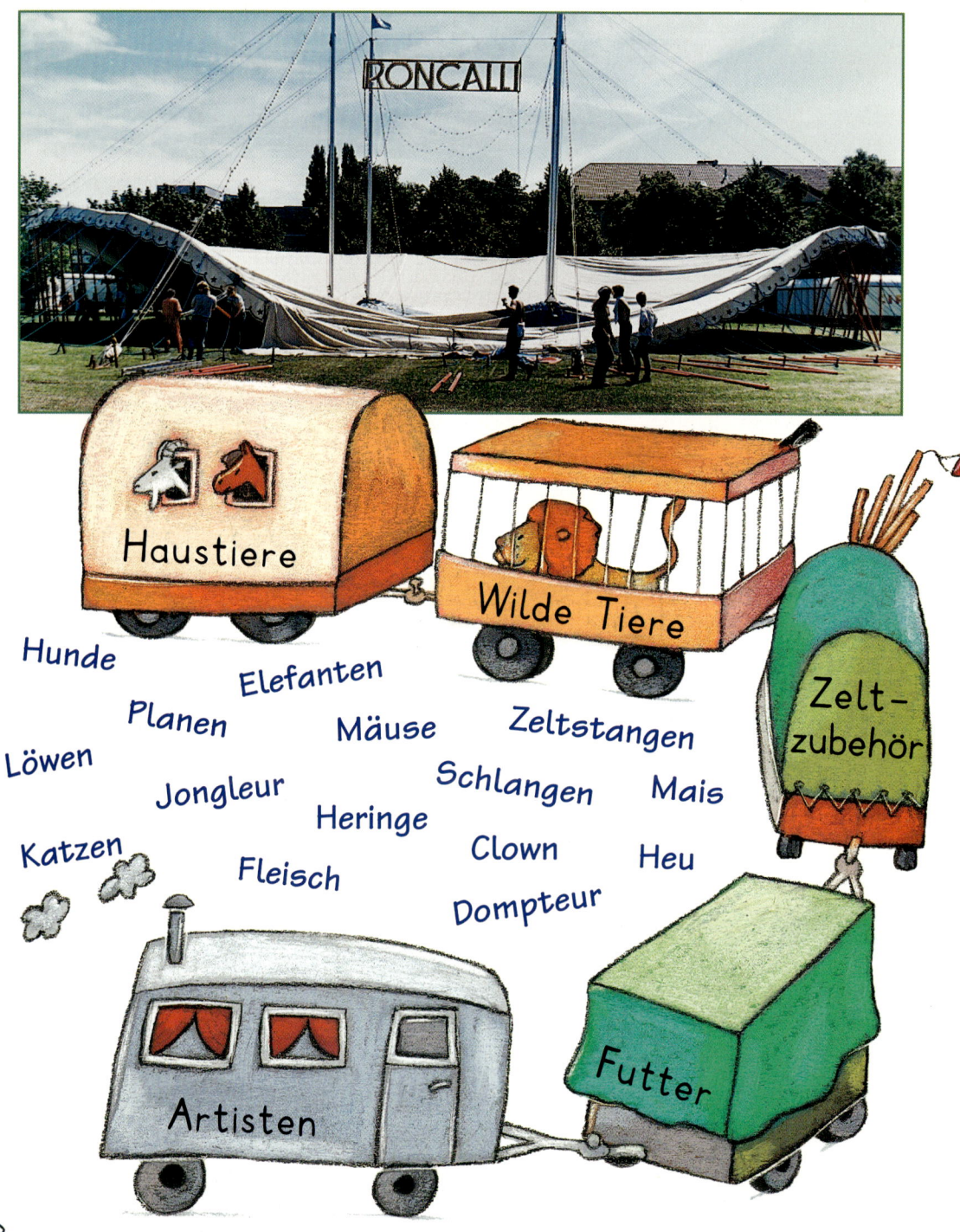

Haustiere

Wilde Tiere

Zeltzubehör

Artisten

Futter

Hunde Elefanten Planen Mäuse Zeltstangen Löwen Jongleur Schlangen Mais Heringe Katzen Clown Heu Fleisch Dompteur

Ordne die Namenwörter den Zirkuswagen zu.

Futter: Heu, ...

Zirkusgedicht

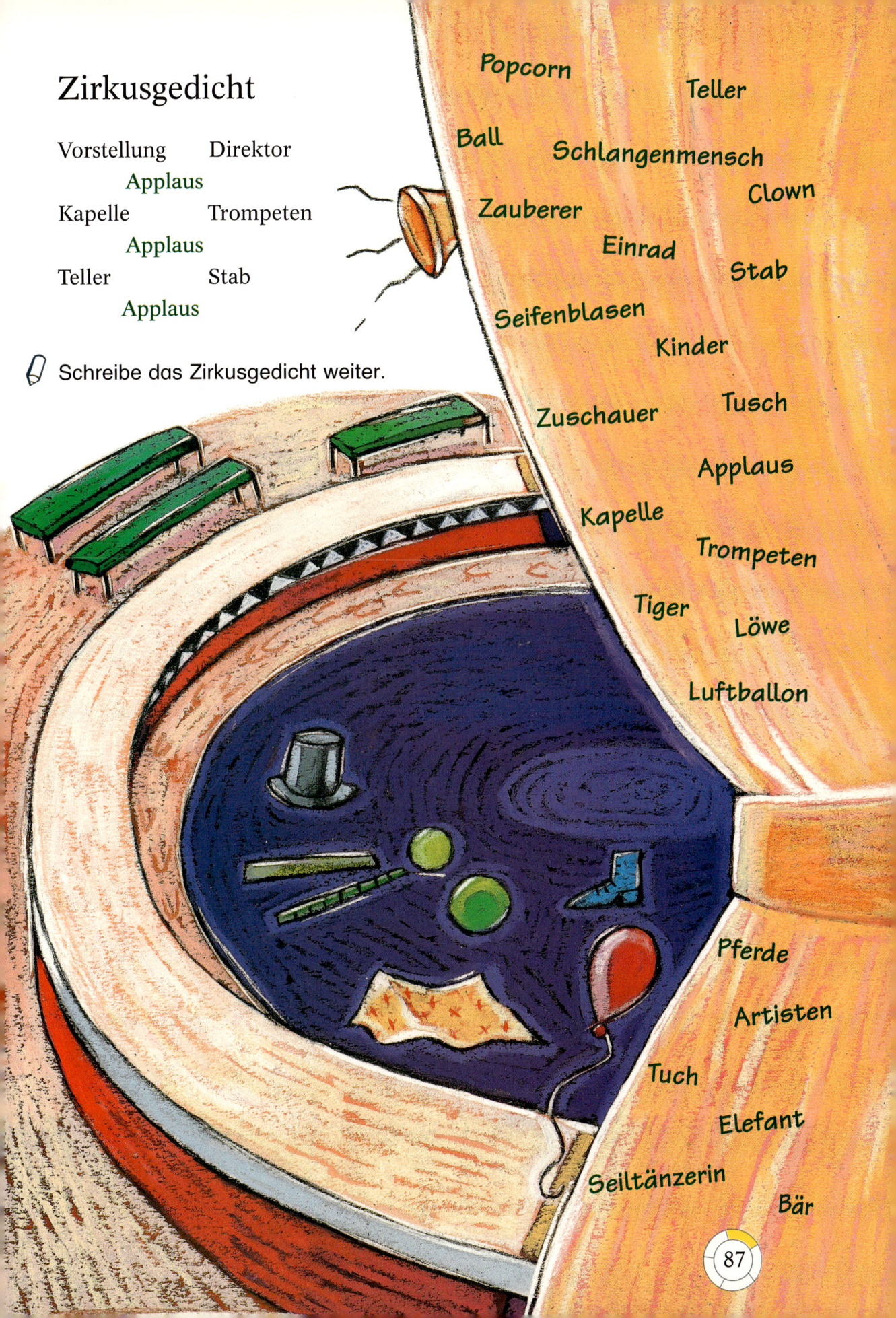

Vorstellung   Direktor
       Applaus
Kapelle   Trompeten
       Applaus
Teller   Stab
       Applaus

✏ Schreibe das Zirkusgedicht weiter.

Popcorn
Teller
Ball
Schlangenmensch
Zauberer
Clown
Einrad
Stab
Seifenblasen
Kinder
Zuschauer
Tusch
Applaus
Kapelle
Trompeten
Tiger
Löwe
Luftballon
Pferde
Artisten
Tuch
Elefant
Seiltänzerin
Bär

1 Abzählreime

Ei-ne klei-ne Mi-cky-maus*
fuhr mal mit dem Rad hi-naus,
bis sie aus der Pus-te kam
und ein gel-bes Ta-xi nahm.
Eins, zwei, drei, du bist frei!

Hin-ke
pin-ke
Te-le-fon
Tau-send-fuß
im Schuh-kar-ton
pin-ke
min-ke
Hin-kel-stein …
du sollst an der Reihe sein!

*Lexikon S. 165

2 Silben-Schritte

Mutter, wie weit darf ich reisen?

Nach Freiburg.

Frei-burg

Wie viele Schritte brauchst du nach

Köln   Würzburg   Frankfurt
Heidelberg   Bremen
Ravensburg   Sindelfingen
Ulm   …?

Wörter üben: S. 158–161

bezahlen
fallen
Leute   kaufen
versuchen   Pferd   Euro   bauen
Bank   Ende   freuen
fahren   tragen
Ball
laut   kommen   Cent
Geld   hart

6. Fund

3 Fund-gru-ben-wör-ter

1 Silbe	2 Silben	3 Silben
Ball	bau-en	be-zah-len
Bank	...	...

Ordne die anderen Wörter aus dem Zelt ein.

Wörter kann man nach Sprechsilben trennen.

4 Mit Wörtern jonglieren

Schreibe die Wörter, mit denen der Clown jongliert, auf.
Achte auf die Farben. Was fällt dir auf?

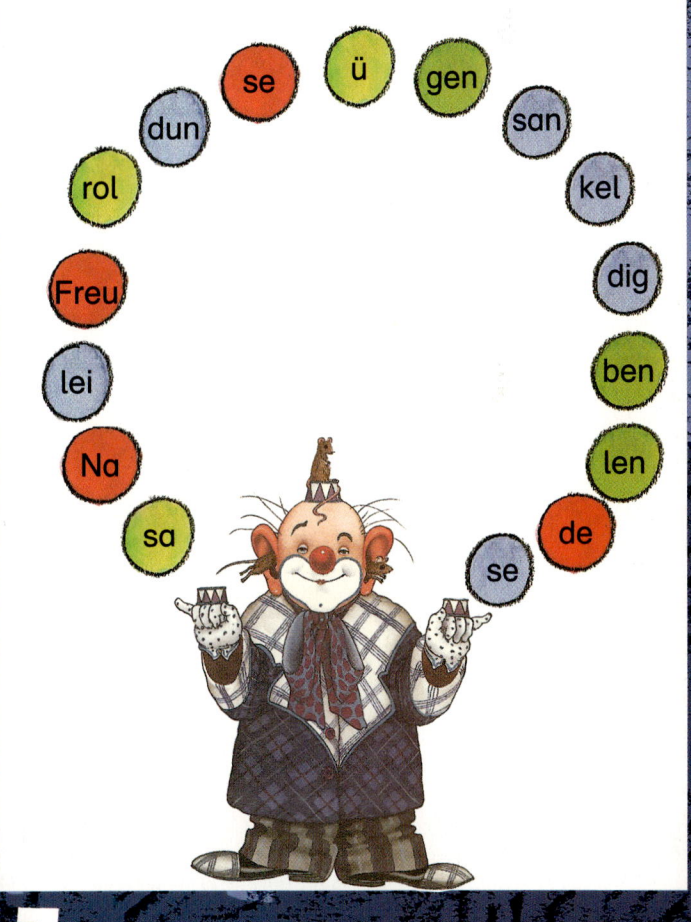

se ü gen
dun san
rol kel
Freu dig
lei ben
Na len
sa de
se

grube

5 Was gehört dazu?

Körperteile   *Kleidung*

Suche dir ein anderes Kind.
Ein Kind nennt Körperteile, das andere Kleidungsstücke.
Wechselt euch ab. Wem fällt mehr ein?

Sammelnamen fassen zusammen.

---

6 Und alles zusammen …

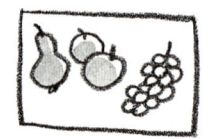 Birne	 Hammer	 Hamster	 Tisch
Banane	Feile	Hund	Stuhl
…	…	…	…

Finde passende Sammelnamen.
Schau dann in der Wörterliste oder einem Wörterbuch nach
und ergänze jede Spalte.
Wozu findest du die meisten Wörter?

6. Fund

7 Wörterrätsel

Suche alle Wörter und schreibe sie in dein Heft.
Ordne die Wörter und
finde passende Sammelnamen.

1	T	B	P	M	H	D	I	E	N	S	T	A	G	B
2	G	H	S	A	M	S	T	A	G	V	V	P	Z	X
3	S	Z	G	N	C	Z	R	P	O	P	C	O	R	N
4	I	S	Y	Z	K	H	E	I	S	M	K	S	I	A
5	E	P	C	L	X	M	I	T	T	W	O	C	H	G
6	J	H	X	B	Qu	L	C	O	P	O	M	M	E	S
7	X	B	R	Ö	T	C	H	E	N	M	J	K	H	B
8	Z	B	K	J	M	E	M	G	Z	O	E	Y	R	N
9	C	S	P	A	G	E	T	T	I	U	L	T	P	V
10	D	S	D	O	N	N	E	R	S	T	A	G	Y	N
11	H	R	G	C	A	S	O	N	N	T	A	G	I	U
12	M	O	N	T	A	G	H	F	R	E	I	T	A	G
13	G	I	B	P	I	Z	Z	A	M	F	W	P	T	Y

Wörter üben: S. 158-161

sparen, sagen, Schuh, Gesicht, üben, Mund, Hemd, leicht, sitzen, Platz, rollen, rot, Sand, Kopf, Hose, schlagen, stellen, Nase

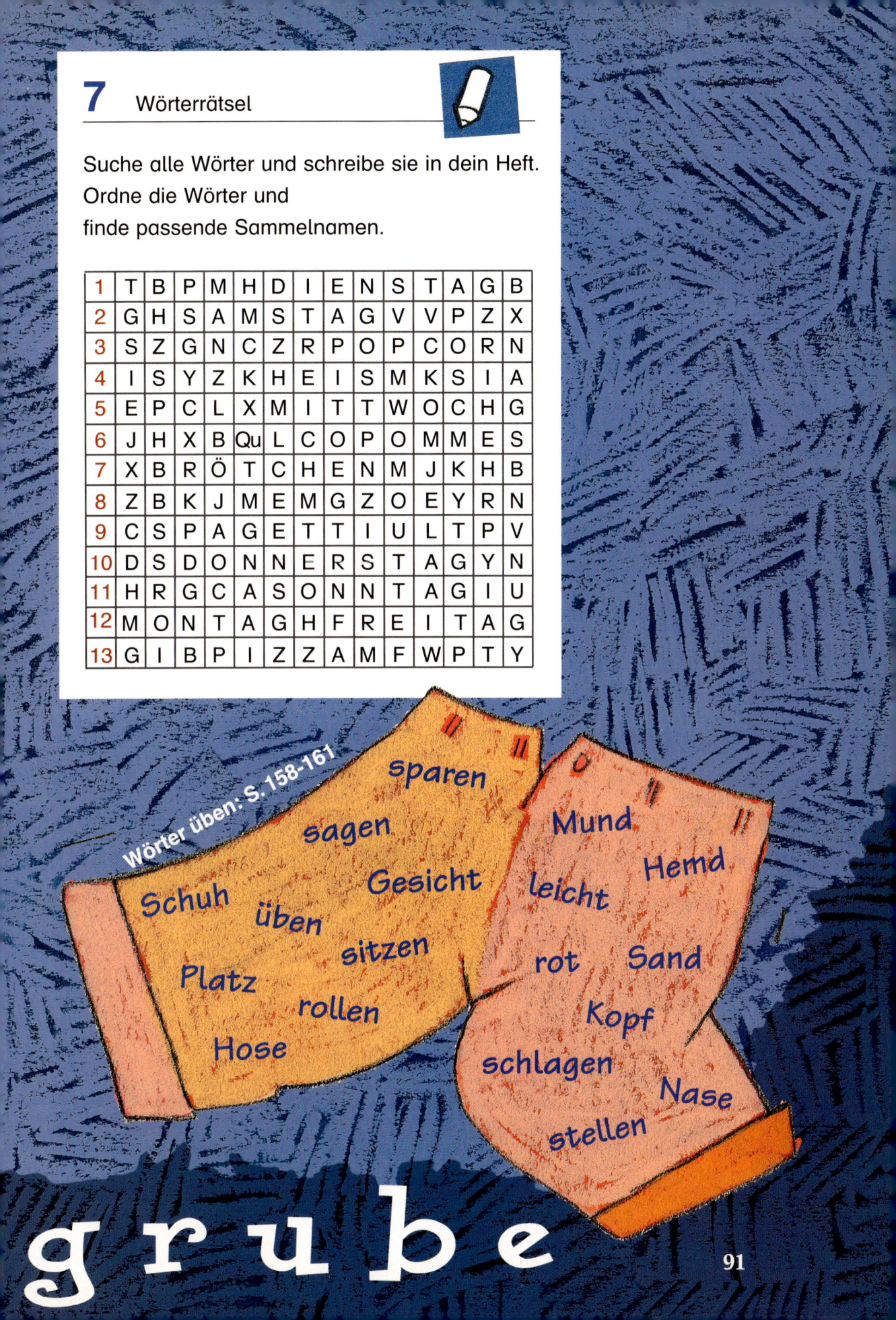

Tier-Freunde

Was ist es?

Es hat ein
hellbraunes Fell.
Es schläft am Tag
und spielt
in der Nacht.
Kannst du es jetzt
erraten?

Hamster?
Meerschweinchen?
Hase?

Was ist es?

Es hat ein Fell.
Es hat einen Bart.
Es meckert.
Kannst du es
erraten?

Was ist es?

Es hat Federn.
Es hat Flügel.
Es kann schwimmen.
Kannst du es erraten?

Schreibe auch ein Tierrätsel.
Können es die anderen erraten?

Lissi, Mira und Max

Lissi, Mira und Max sind drei kleine Katzen.
Bis sie acht Wochen alt sind,
dürfen sie noch bei der Mutter saugen.

Am liebsten spielen sie
mit ihrer Mutter Mascha.
Dabei lernen sie,
wie man schnell zupackt,
etwas fängt oder sich anschleicht.
Sie beißen aber nur leicht zu
und ziehen beim Raufen
ihre Krallen ein.

Lissi ist jetzt müde.
Sie will nicht mehr
gestreichelt werden.
Deshalb faucht sie
jeden an.

Mira macht einen Katzenbuckel.
Der Störenfried soll
Angst vor ihr haben.

nach:
Lissi, Mira und Max, drei kleine Katzen
(Gisela und Siegfried Buck)

Katzen-Quiz

Schreibe die Buchstaben
der richtigen Antworten
nebeneinander.
So entsteht das Lösungswort.

Die Jungen dürfen
bei der Mutter trinken,
– bis sie
 acht Wochen alt sind. (K)
– bis sie
 sechs Wochen alt sind. (G)

Beim Spielen
– beißen Katzen fest zu. (B)
– beißen Katzen nicht fest zu. (A)

Beim Raufen
– strecken sie ihre Krallen aus. (E)
– ziehen sie ihre Krallen ein. (T)

Wenn eine Katze
nicht gestreichelt werden will,
– schnurrt sie. (U)
– faucht sie. (E)

Wenn ein Störenfried kommt,
– läuft ihm das Kätzchen
 entgegen. (I)
– macht das Kätzchen
 einen Katzenbuckel. (R)

Was könnte der Hund meinen?
1: Kommt da mein Herrchen?

Spiel mit mir!   Ich bin schon da.
     Wirf den Stock!
Ich bin so allein.   Komm nicht zu nah!
     Willst du mich kraulen?
Wasser bitte!   Wo ist die Wurst?
Kommt da mein Herrchen?
     Gib mir etwas zu fressen!

wauwauwauwauwauwauwauwauwauwauwauwauwawau

wauuuuuuuuuuuuu

wau wau grrr grrr

Mein Dackel kann lachen

Komm ich nach Haus,
freut sich mein Dackel,
und es geht los
ein Riesenspektakel,
ein großes Gewedel,
ein großes Gewackel,
ein Schwänzeltanz*.
Mein Dackel kann lachen,
er lacht mit dem Schwanz.

(Viktoria Ruika-Franz)

Was passiert danach?
Wähle aus und bilde
aus den Stichpunkten Sätze.
Er saust hinter dem Ball her.

an der Tür kratzen

die Pantoffeln suchen

unter den Tisch kriechen

die Leine im Maul halten

sich auf den Rücken legen

die Zeitung zerfetzen

---
*Lexikon Seite 166

Mareike, Klasse 2a aus Würzburg,
hat zu dem Bild eine Geschichte geschrieben:

Es war einmal ein Junge, der hieß Leo.
Zu seinem 8. Geburtstag schenkte ihm seine Mutter
einen Beutel mit Murmeln.
Aber sie wusste nicht, dass es Zaubermurmeln waren.
Leo ging damit in die Zoohandlung.
Er sah sich die Papageien an.
So schöne Flügel müsste man haben, dachte er
und nahm dabei eine rote Murmel in die Hand.
Schwupp, da wuchsen ihm rote Flügel.
Schnell flog Leo nach Hause.
„Hilfe!", schrie seine Mutter. „Was kommt denn da geflogen?"
„Ich bin's doch!", rief Leo.

Wie mag die Geschichte wohl weitergehen?

Welche Tiere entdeckst du?

Paul Klee: Tiere begegnen sich

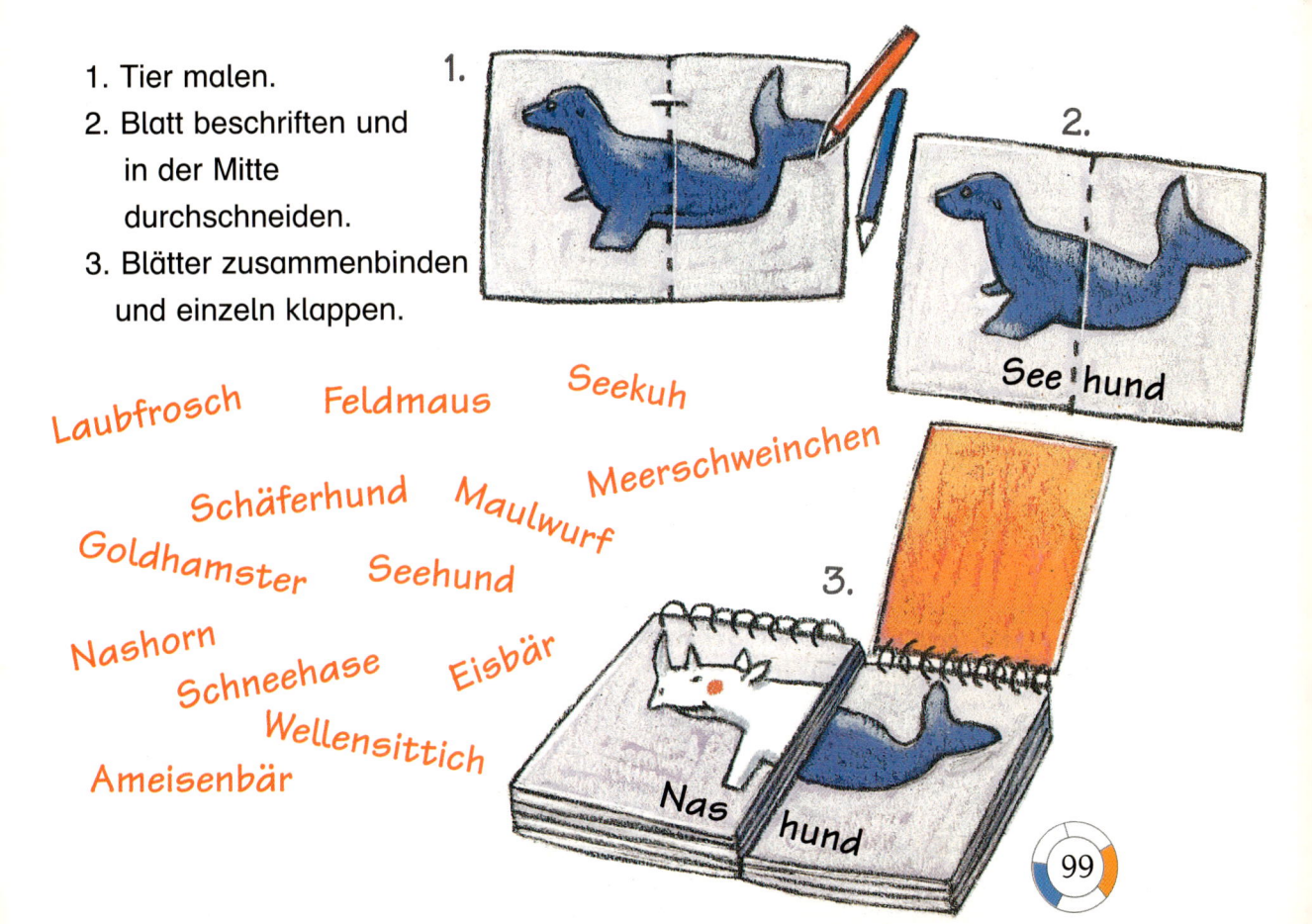

1. Tier malen.
2. Blatt beschriften und in der Mitte durchschneiden.
3. Blätter zusammenbinden und einzeln klappen.

See hund

Laubfrosch   Feldmaus   Seekuh
Schäferhund   Maulwurf   Meerschweinchen
Goldhamster   Seehund
Nashorn
Schneehase   Eisbär
Wellensittich
Ameisenbär

Nas hund

Ich wünsche mir ein Haustier

Ich habe Salat für deinen Hamster mitgebracht.

O danke! Den frisst er gerne. Übrigens, ich fahre in den Ferien weg. Kannst du Niko dann versorgen?

Klar, meine Eltern haben bestimmt nichts dagegen.

1 Woche später

Ich habe dir aufgeschrieben, woran du denken musst.

Einmal in der Woche: Käfig sauber machen
Jeden Tag: Futterschüssel füllen (Gemüse, Körner)
Wichtig:
nichts zu trinken geben,
nicht in die Sonne stellen,
keine Süßigkeiten,
sonst ist

Niko †

3 Wochen später

Sascha schaut dem Hamster zu.
Am Tag schläft er viele Stunden.
Der Hamster frisst gern Äpfel.
Er nagt auch an altem Brot.
Er darf kein Wasser trinken.

Danke, dass du Niko so gut gepflegt hast.

Es hat mir Freude gemacht.
So ein Goldhamster ist ein lustiges Tier.
Leider hat er nachts immer Krach gemacht,
wenn er in dem Laufrad gerannt ist.
Ich habe dann den Käfig in den Flur gestellt.

Er muss sich bewegen, sonst wird er krank.
Aber du hast Recht.
Nachts spielt und frisst er und tagsüber möchte er schlafen.

Ich finde Niko lieb.
Er fühlt sich so weich an.
Ich hätte auch gern ein Haustier.
Aber meine Mutter erlaubt es nicht.

Und warum nicht?

1 auf dem land

rinininininininDER
brüllüllüllüllüllüllüllEN
schweineineineineineineinE
grunununununununZEN
hunununununununDE
bellellellellellellellEN
katatatatatatatZEN
miauiauiauiauiauiauiauEN
katatatatatatatER
schnurrurrurrurrurrurrurrEN
gänänänänänänänSE
schnattattattattattattattERN
ziegiegiegiegiegiegiegEN
meckeckeckeckeckeckeckERN
bienienienienienienienEN
summummummummummummEN
grillillillillillillillEN
ziriririririririrPEN
fröschöschöschöschöschöschöschE
quakakakakakakakakEN
hummummummummummummELN
brummummummummummummEN
vögögögögögögögEL
zwitschitschitschitschitschitschitschERN

(Ernst Jandl)

2 Sätze

Rinder brüllen.
Schweine ...

Du kannst auch Unsinn-Sätze schreiben:

Rinder zirpen.
Schweine ...

Hinter Aussagen steht ein Punkt.

haben weiß
Ente bewegen Hase
warm Ohr Flügel fliegen
hören Katze
braun Hund
schwarz
quaken Kuh
Tier

Wörter üben: S. 158–161

3 Hanna und Moritz

Moritz: „Was machst du da?"
Hanna: „Ich lese."
Moritz: „Was liest …?"
Hanna: „Das siehst du doch. Ein Buch."
Moritz: „Wie …?"
Hanna: „Ich finde es sehr lustig."
Moritz: „Wie …?"
Hanna: „Das Buch heißt: Nero Corleone."
Moritz: „Wer …?"
Hanna: „Nero Corleone ist ein frecher Kater."
Moritz: „Woher …?"
Hanna: „Ich habe es aus der Stadtbücherei geliehen."

Hinter Fragen steht ein Fragezeichen.

grube

4 Punkte und ? setzen

IM GLAS SCHWIMMEN ZWEI FISCHE
SIE SCHWIMMEN AM MONTAG SIE SCHWIMMEN AM DIENSTAG SIE SCHWIMMEN AM MITTWOCH
WAS TUN SIE AM DONNERSTAG

Im Glas ...
Denke daran:
Nur das erste Wort im Satz und Namenwörter schreibt man groß.

Wasser
wünschen
krank
fangen
geben
füllen
pflegen
liegen schlafen
lieb
sollen suchen
spielen trinken
halten

Wörter üben: S. 158–161

5 Auf dem Bauernhof

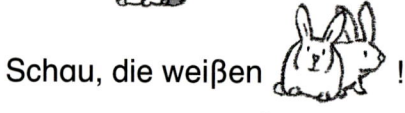

Hinter Ausrufen steht ein Ausrufezeichen.

Junge , wie lieb!

Schau, die weißen !

So viele braune !

Komm, kleiner schwarzer !

7. Fund

6 Vorsicht, Falle!

Katzen   quaken
Hasen   hüpfen
Enten   fliegen
Raupen   schnurren
Fliegen   kriechen

Katzen schnurren.

7 Tierrätsel

Dack
Ams
Ig
Es
Büff
Ass

-en   -el   -er

Diese Wort-bau-steine schreibt man immer gleich.

8 Nicht nur für Tierexperten

Mutter   Fohlen/Stute
Vater   Welpen/Rüde
Bruder   Kätzchen/Kater
Kinder   Kuh/Kälber

Die Mutter eines Fohlens heißt Stute.

Irgendwie komisch

komisch fühlen

komisch anhören

komisch reden

komisch aussehen

komisch schmecken

komisch riechen

Komisch, dass manches komisch ist und anderes nicht.
Was kommt dir manchmal komisch vor?

*Christine Nöstlinger
hat viele Kinderbücher geschrieben.
Sie wurde 1936 in Wien geboren
und lebt abwechselnd in Wien und
auf einem Bauernhof in Niederösterreich.
Zum Schreiben kam Christine Nöstlinger,
weil es ihr mit ihren beiden Töchtern
langweilig war. Viele Bilder in ihren Büchern
hat sie selbst oder ihre Tochter gemalt.*

Ein Buch von Christine Nöstlinger heißt
„Das Leben der Tomanis".
Auf der Rückseite des Taschenbuches
erfährst du, wovon die Geschichte handelt.

Liese und Luise Meier
waren sehr, sehr brav –
bis ihnen der Vater
das Tomanibuch schenkte.
Sie lasen es so oft,
dass sie keine Zeit mehr
hatten brav zu sein.
Sie wurden ganz anders,
innerlich und äußerlich!

Bücher können die Welt verändern –
sogar die Welt der Familie Meier!

Bei welcher Gelegenheit hat jemand zu dir gesagt,
dass du brav warst?

„Wir wollen aber Tomanimädchen werden", sagte die Luise.
Und die Liese fügte hinzu: „Und wo ein Wille ist, da ist auch ein Weg!"

Mager waren die Meiertöchter wirklich nicht mehr.
Und ihre Haare konnte man nicht mehr
zu Zöpfen flechten. Sie wurden ganz steif und
struppig und gekräuselt.
Und die Fingernägel der Meiertöchter ließen sich
auch nicht mehr schneiden,
so hornig und hart waren sie.
Dann begannen die Ohren
der Meiertöchter zu wachsen.
Und ihre Zähne wurden lang und spitz.
Eines Morgens schimmerte die Haut
der Meiertöchter hellblau und
am Abend zeigten die Luise und
die Liese der Mutter Meier stolz
die nackten Hinterteile.
An jedem war ein kleiner buschiger Schweif.

Fingernägel

Körper

Haare

Haut

Zähne

Ohren

Tomanis gesucht!
Erstelle einen Steckbrief. Verwende die Wiewörter aus dem Text.
**Die Haare der Tomanis sind struppig und gekräuselt.
Die Fingernägel ...**

Ich bin froh, dass ich bin, wie ich bin

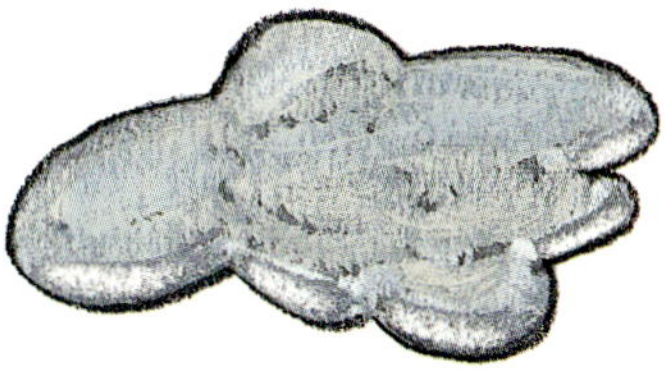

Wenn ich allein bin,
weil keiner kommt und mit mir spielt,
dann denke ich mir aus,
was ich gern sein möchte.

        Manchmal denke ich:
        Es wäre schön, ein Baum zu sein.
        Dann könnt ich meine Zweige recken,
        bis sie an den Himmel reichten.
        Dann aber denke ich:
        Wer möchte schon ein Baum sein?
        Ich bin froh, dass ich bin, wie ich bin.

Manchmal denke ich:
Gern würde ich ein Vogel sein.
Dann steig ich in die Lüfte auf
und flöge weit von hier.
Dann aber denke ich:
Nein, ein Vogel möchte ich nicht sein.
Ich bin froh, dass ich bin, wie ich bin.

        Ich bin froh, dass ich bin, wie ich bin.
        Zwei Augen habe ich zum Sehen,
        zwei Ohren, die vernehmen jeden Laut.
        Ich habe einen Mund, der sprechen kann,
        zwei Beine, die mich vorwärts tragen.
        Ich hab zwei Hände um zu streicheln, was ich liebe.
        Ich bin froh, dass ich bin wie ich bin.

(Elberta H. Spone)

Was möchtest du manchmal sein?

Manchmal denke ich:
Ich möchte ein … sein.
Dann …
und …
Dann aber denke ich: …
Ich bin froh, dass ich bin, wie ich bin.

Elefant   Maus   Wolke   Zauberer   Drache

Als Mutter Meier mit ihren Töchtern beim Gemüseladen war, liefen mindestens dreißig Erwachsene und vierzig Kinder hinter ihnen her.

Die sind ein Skandal. Die gehören verboten.

Sind die vom Zirkus?

Ach du liebe Zeit!

Alle Kinder können nicht gleich aussehen.

Hoffentlich begegnen wir nicht vielen Leuten.

Wir sind doch auch nackt sehr hübsch und blau.

Spielt das Zusammentreffen in der Klasse.
Überlegt, wer was sagen kann.

Ich bin lieber ein Tomani als so doof wie die.

Warum schauen die uns so blöd an?

Ekelhaft!

Ich halte das nicht mehr lange aus.

Du und ich

Du bist anders als ich,
ich bin anders als du,
gehen wir
aufeinander zu,
schauen uns an,
erzählen uns dann,
was du gut kannst,
was ich nicht kann,
was ich so treibe,
was du so machst,
worüber du weinst,
worüber du lachst,
ob du Angst spürst bei Nacht,
welche Sorgen ich trag,
welche Wünsche du hast,
welche Farbe ich mag,
was traurig mich stimmt,
was Freude mir bringt,
wie wer was bei euch kocht,
wer was wie bei uns singt …
und plötzlich erkennen wir
– waren wir blind? –
dass wir innen uns
äußerst ähnlich sind.

(Karlhans Frank)

Findest du in dem Gedicht eine Zeile,
die auch die Überschrift sein könnte?
Fällt dir noch eine andere Überschrift ein?

Ich frage dich was,
aber du antwortest nicht.

Ich gebe dir was,
aber du nimmst es nicht.

Ich zeige dir was,
aber du dankst es mir nicht.

Ich rede mit dir,
du schreist mich nur an.

Was habe ich dir getan?

Wann?

Was?

Wer?

Warum?

Wie?

Wieso?

Weshalb?

„Warum mögen uns die Leute nicht?", fragte die Luise.
„Warum haben sie uns geschlagen?", fragte die Liese.

Was haben Luise und Liese wohl noch gefragt?

Mutter Meier gab ihnen keine Antwort.
Sie lief mit ihren Töchtern nach Hause.
Zu Hause setzte sie sich in die Küche und
weinte. Als Vater Meier von der Arbeit
kam, weinte sie immer noch.

neidisch sein

anderes nicht verstehen

komisch finden, was man nicht kennt

Angst haben

sich lustig machen

Es gibt viele Antworten.
Wähle zwei Erklärungen aus und bilde Sätze.
Fällt dir noch eine andere Erklärung ein?

Irgendwie sind wir alle anders.
Suche dir ein Kind aus deiner Klasse.
Beschreibt euch gegenseitig.

Haut   lustig   Haare   Frisur   klein
dunkel   blond   Augenfarbe   groß

Sie hat dunkle Haare.

Lest eure Beschreibungen in der Klasse vor.
Wer ist es?

In der Tomanischule

In der Tomanischule ist vieles anders.

Schulbus Stundenplan Schulhaus Mitschüler Lehrer Hausaufgaben Klassenregeln

Liese und Luise sind ganz gespannt auf ihren ersten Schultag in der Tomanischule. Aufgeregt lesen sie den Stundenplan …

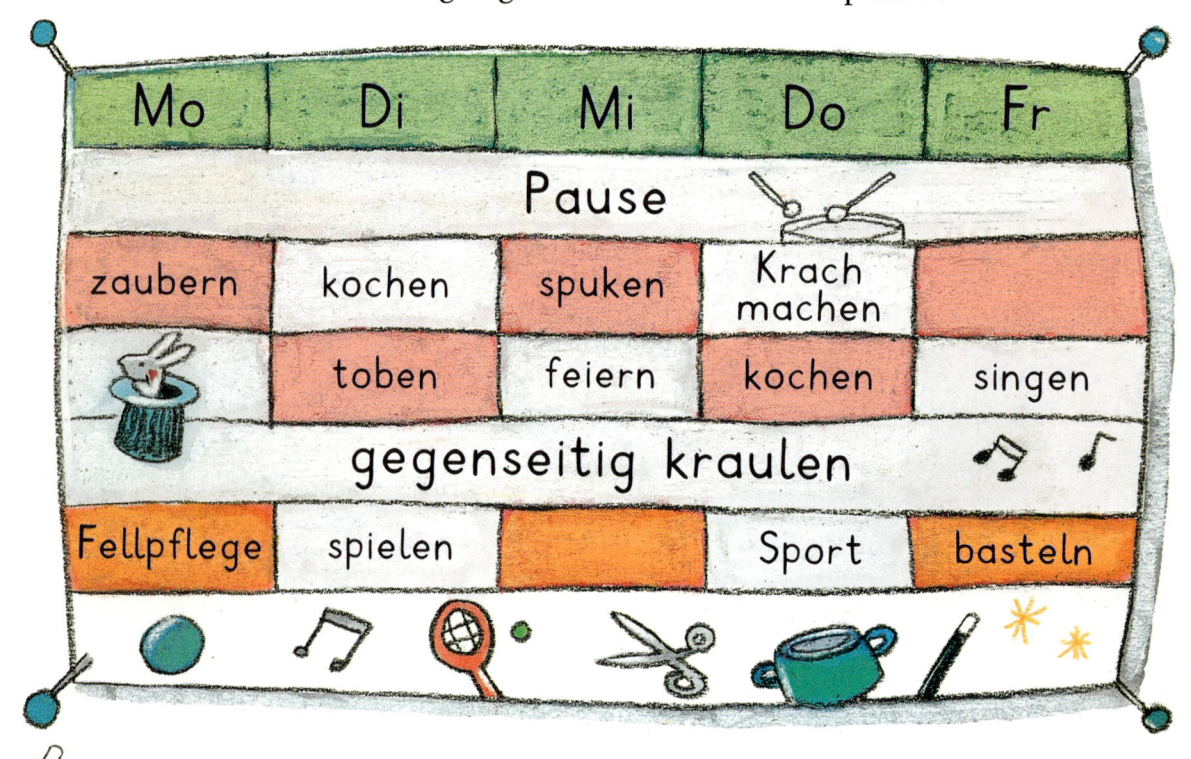

Mo	Di	Mi	Do	Fr
Pause					
zaubern	kochen	spuken	Krach machen	
	toben	feiern	kochen	singen
gegenseitig kraulen				
Fellpflege	spielen		Sport	basteln

Wie stellst du dir einen Tag in der Tomanischule vor? Schreibe in dein Geschichtenheft.

netieskcüR
verraten oft mehr über Geschichten:

Hundegeschichten vom Franz

Solange er denken kann, hat der Franz Angst vor Hunden gehabt. Nicht nur vor großen mit spitzen Zähnen, auch vor kleinen mit Wedelschwänzen. Bis die Tante von seinem besten Freund, dem Eberhard Most, mit Blinddarmentzündung ins Krankenhaus muss und ihren Hund, ein braunes Riesenvieh mit Namen Berta, zum Eberhard in Pflege gibt …

- Erstes Lesealter
- Große Schrift
- Viele farbige Illustrationen
- Bekannte Autoren

Am Montag ist alles ganz anders

Wie kommt man zu einer Punkfrisur? So bunt und grell, dass manche Leute vor sich hin murmeln: »O Gott, diese Jugend von heute …« Kathi hat Glück. Kathi hat nämlich Läuse. Da müssen die langen Haare weg. Und Kathis Großmutter ist Friseurin. Die macht genau die Frisur, die sich Kathi wünscht. Was die beiden, Kathi und ihre Großmutter, sonst noch alles unternehmen und warum am Montag alles ganz anders ist, erzählt Christine Nöstlinger in diesem vergnüglichen Buch.

Liebe Susi! Lieber Paul!

Paul zieht mit seinen Eltern aufs Land. So müssen sich Susi und Paul, in Wien einstmals dicke Schulfreunde, jetzt schreiben. Susi und Paul schildern sich in lustigen und originellen Briefen ihre Erlebnisse und Freuden, aber auch ihre Sorgen und Nöte. Und wenn Worte nicht ausreichen, helfen witzige kleine Zeichnungen, das Gesagte zu untermalen.

Ein Lesevergnügen – nicht nur für Leseanfänger! Die Zeichnungen sind von Christiana Nöstlinger.

Große Druckschrift für Erstleser

✏ Was wollt ihr über Christine Nöstlinger und ihre Bücher wissen?

Wie viele Bücher hat Frau Nöstlinger schon geschrieben?
…

Antworten findet ihr in Büchereien, in Lexika und im Internet.

1 Viele gute Wünsche

höflich
freundlich
fleißig
glücklich
mutig
ehrlich
fröhlich

sportlich
geduldig
reich
groß
klein
alt
jung

Wie möchtest du sein?
Wähle fünf Eigenschaften aus.
Ich möchte mutig sein.

Wiewörter sagen,
wie etwas ist.

2 Wettervorhersage

Am Meer ist es ▬▬ oder ▬▬ .
Oft ist es auch recht ▬▬ .
In den Bergen ist es ▬▬ und ▬▬ .
Wenn es ▬▬ ist, muss man sich ▬▬ anziehen.

windig   warm   eisig   kalt

stürmisch   sonnig   nebelig

wolkig   frostig   heiß   regnerisch

Schreibe vier Sätze auf, wie das Wetter sein kann.

8. Fund

3 Was findest du gut?

ein dickes Buch lesen
ein dünnes Buch lesen
einen langen Brief schreiben
einen kurzen Satz schreiben
eine traurige Geschichte schreiben
eine lustige Geschichte schreiben
in der warmen Sonne liegen
in der heißen Sonne liegen
im kalten Zimmer schlafen
im warmen Zimmer schlafen
mit einem schnellen Zug fahren
mit einem langsamen Zug fahren
laute Musik hören
leise Musik hören

Das finde ich gut	Das finde ich nicht gut
…	…

Du kannst auch eigene Beispiele schreiben.
Unterstreiche die Wiewörter.

Wörter üben: S. 158–161

rufen
Fuß
böse
Finger
Körper
schreien
Buch
Hals
Haut
Bauch
Zehe
Bein
Hand
Zahn
Arm
Rücken
Stirn
Haare
werden

grube

4 Andere Länder – andere Sitten

In [🇦🇹] heißt die Aprikose Marille.

In [🇯🇵] essen die Menschen mit Stäbchen.

In [🇳🇴] scheint manchmal um Mitternacht die Sonne.

In [🇬🇧] fahren die Autos auf der linken Seite.

Schreibe Rätselfragen. *Österreich   England*
In welchem Land …? *Japan   Norwegen*

5 Ganz komische Fragen

Welche Ratte mag Bücher gerne?
Welche Schlange braucht eine Brille?
Welche Maus kann fliegen?
Welcher Hase springt nicht vom Einmeterbrett?
Welcher Wurm kann lesen?

Leseratte   Angsthase
Fledermaus   Bücherwurm   Brillenschlange

Schreibe Unsinn-Sätze.
Die Leseratte mag gerne Bücher.
…

8. Fund

Wörter üben: S. 158-161

gut
turnen
antworten
danken
Rock
flüssig
Sport
Seife
Kleid
nehmen
fragen
zeigen
bitten
reden

6 Trau dich!

Iss   die Schüssel nahe an deinen Mund!

Halte   einen kleinen Berg Reis auf die Stäbchen!

Nimm   doch mal mit Stäbchen!

Lege   beide Stäbchen in die andere Hand!

Häufe   den Mittelfinger zwischen die Stäbchen!

Sitz   gerade!

Wie gehören die Sätze zusammen?
Schreibe die Anleitung zum Essen mit Stäbchen richtig ab.
Achte auch auf die Reihenfolge.

**Iss doch mal mit Stäbchen!
Halte ...**

grube

Naturforscher in der Hecke

Marienkäfer sind sehr nützliche Insekten. Sie fressen täglich bis zu 150 Blattläusen, die sehr schädlich für Pflanzen sind.

Der Hase findet in der Hecke Zuflucht vor dem Bussard. Die stacheligen Äste und Zweige bieten ihm ein gutes Versteck und schützen ihn.

Die Amsel baut im Frühjahr fleißig an ihrem Nest.
Dafür trägt sie viele kleine Stöckchen zusammen.
Ende April legt sie vier bis sechs Eier.
Aus denen schlüpfen nach zwei Wochen Junge.

In der Hecke ist was los.
Teilt euch in Gruppen.
Jede Gruppe braucht eine Lupe.

Untersucht eine Hecke, zuerst aus der Ferne,
dann aus der Nähe und anschließend mit einer Lupe.
Was habt ihr entdeckt?

Maikäfer*

Käferl im brauna' Gwand,
krabbelst auf meiner Hand,
magst ned in d'Schachtel nei',
da werd's dir z'finster sei'.

Fliag' no ned glei' davo',
dass i di' streicheln ko'.
Lebst bloß im kurzen Mai,
dann is dei' Zeit vorbei.

(Mathilde Obermeier)

*Lexikon Seite 165

Wer? Wie? Was?

Wieso? Weshalb? Warum?

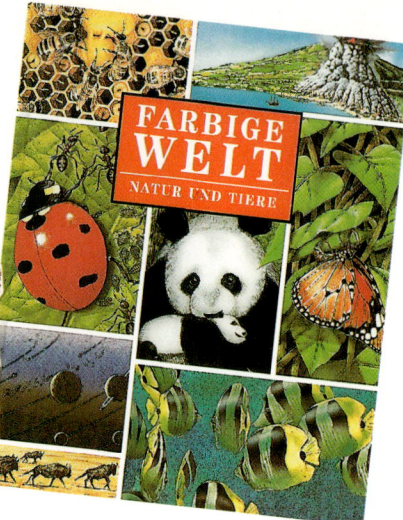

Wer nicht fragt, bleibt dumm.

Kannst du diese Fragen beantworten oder brauchst du ein Buch dazu?

acht

Welches Tier hat schwarze Punkte auf den Flügeln?

Marienkäfer

Blattläuse

Wie heißt die Frucht der Heckenrose?

Was fressen Marienkäfer?

Hagebutte

Schmetterling

Wie viele Beine haben Spinnen?

Raupen

Was schlüpft aus den Eiern eines Schmetterlings?

Was ist ein Admiral?

Die Raupe vom **Kleinen Fuchs**
frisst gerne Blätter.
Wenn sich die Raupe
dick gefressen hat,
verpuppt sie sich.
Aus der Puppe schlüpft später
ein neuer Schmetterling.
Der Kleine Fuchs
hat rotbraune Flügel und
flattert von Blüte zu Blüte.

Im Frühling kommen die **Ohrwürmer**
aus ihren Erdhöhlen.
Sie sehen gar nicht wie Würmer aus und
in die Ohren kriechen sie auch nicht.
Sie sind genau wie Schmetterlinge Insekten.
Die Ohrwürmer sind wichtige Helfer im Garten.
Nachts gehen sie auf Jagd nach Blattläusen,
Fliegen und anderen Insekten.

Der **Igel** hält den ganzen Winter über einen
Winterschlaf. Er frisst fast alles, was ihm
vor die Nase kommt: Insekten, Würmer, Raupen,
Schnecken, Eier und Früchte.
Der Igel sieht nicht gut. Dafür kann er gut hören
und sehr gut riechen. Bei den Igeljungen sind
die Stacheln noch weiß und weich.
Ein erwachsener Igel hat ungefähr 6000 Stacheln.

Schreibe zu diesen Tieren passende Fragen in dein Heft.
Können die anderen Kinder deine Fragen richtig beantworten?

Stell dir vor, du kommst von einem anderen Stern und bist gerade auf dem Planeten Erde gelandet. Du hast den Auftrag Sachen mitzubringen, die du auf der Erde gefunden hast.

SUCHLISTE

1. etwas, das du schön findest
2. das kleinste Teil, das du finden kannst
3. etwas, das deiner Haarfarbe ähnelt
4. drei unterschiedliche Blattformen
5. etwas, das sich weich anfühlt
6. etwas, mit dem du ein Geräusch machen kannst
7. ein angeknabbertes Blatt (nicht von dir!)
8. etwas, das sich glatt anfühlt
9. etwas, das dich an dich selbst erinnert

> Es ist rau, schuppig und leicht – es ist ein Tannenzapfen.

Es ist rau schuppig leicht

✏️ Schreibe in dein Geschichtenheft
zu dem Gegenstand, den du schön findest,
oder zu dem Gegenstand,
der dich an dich selbst erinnert.

Nicht vergessen!

Alle Dinge an ihren Fundort zurückbringen!

Was ist es?
Du findest es auf der Wiese.
Es ist erst grün, dann gelb, dann weiß.
Der Wind trägt seinen Samen davon.
In seinem Stängel ist eine weiße Flüssigkeit.
Seine Blätter kannst du essen.

LÖWENZAHN

Vögel in der Hecke

Ich bin einer der kleinsten im Land
und bin doch allen als König bekannt.
Eine Krone trage ich natürlich nicht,
braun ist mein Kleid, also äußerst schlicht.
Trillernd und schmetternd ist mein Gesang,
ich fliege dicht am Boden entlang,
zwischen Wurzelwerk und Hecken,
daher bin ich nicht leicht zu entdecken.

(Hansjörg Henne)

Ich bin rot an der Kehle
und rot im Gesicht,
schwierig ist mein Name nicht.

(Hansjörg Henne)

In fremde Nester leg ich ein Ei,
in jedes nur eins! Nie zwei oder drei.
Und selbst darauf brüten? –
Ich werde mich hüten!
Wenn mein Ruf erschallt –
er ist allen bekannt –,
sagt man: „Es ist wieder Frühling im Land!"

(Hansjörg Henne)

Meine Brust ist rot,
mein Rücken ist grau
und schwarz ist die Kappe,
wie heiße ich genau?
Du weißt es noch nicht?
Ich beschreibe mich ganz:
Weiß ist mein Bürzel*
und schwarz ist der Schwanz.

(Ravensburger Kinderjahr)

Wer bin ich?
Ich sammle in meinem Nest alles, was glitzert und blinkt.

Elster

Schreibe ein eigenes Vogelrätsel.
Mit einem Vogelbuch ist es leichter.
Das Rätsel muss kein Gedicht sein.

Ich bin ...   **Ich habe ...**

Haussperling   Elster   Heckenbraunelle   Distelfink

*Lexikon Seite 165

Spinnen

Eine Spinne, die bei uns häufig vorkommt, ist die **Kreuzspinne**.
Siehst du die Zeichnung auf ihrem Rücken? Daher hat sie ihren Namen.
Für ihr Fangnetz baut die Kreuzspinne
zuerst einen äußeren Rahmen.
Dann webt sie die Speichen ein.
Zuletzt spinnt sie eine
fast kreisrunde Spirale.
Die Haut der Spinne ist
von einem Ölfilm bedeckt.
Deswegen bleibt nur die
Beute in den klebrigen
Fäden der Spirale hängen.
Die Kreuzspinne baut alle
zwei Tage ein neues Netz,
in dem sie ihr Futter fängt.
Von dem Netz hängt ein Faden
herunter. Wenn sich der Faden
bewegt, ist eine Beute ins Netz gegangen.
Die Kreuzspinne lähmt die gefangene Beute durch einen Biss,
wickelt sie mit ihren Fäden ein und saugt sie anschließend aus.

Webe dein eigenes Spinnennetz.
Du brauchst: ein Stück Kork, Wolle oder Angelschnur und Nadeln.
Lies dann im Text nach, wie die Kreuzspinne ihr Netz spinnt.

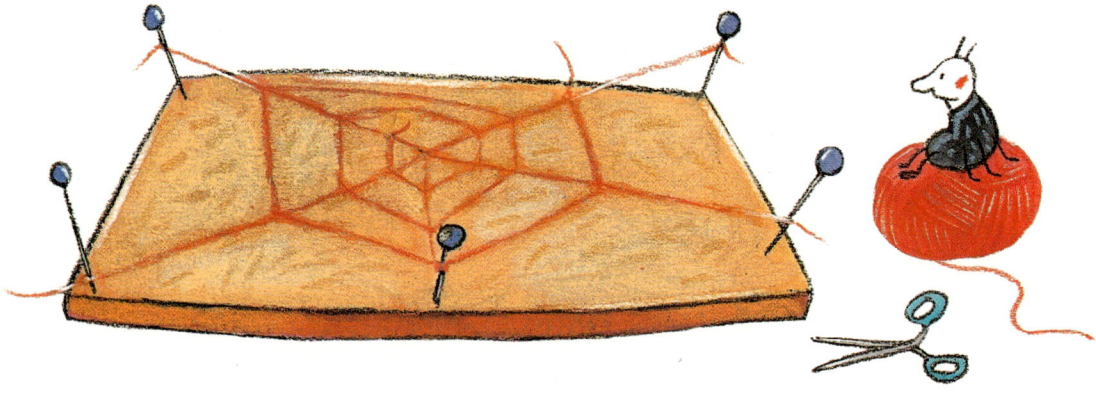

Bildet einen Stuhlkreis.
Ein Kind hält ein Wollknäuel in der Hand und
erzählt von einem Ereignis aus dem 2. Schuljahr.
Wenn es fertig ist, hält es das Ende des Fadens fest und
wirft das Wollknäuel einem anderen Kind zu.
Jetzt ist dieses Kind mit Erzählen an der Reihe.
Am Ende wirft es das Wollknäuel einem dritten Kind zu.
So macht ihr immer weiter.
Achtet darauf, dass der Wollfaden gespannt ist.
Was entsteht zum Schluss?

Spinnennetz-Gedicht mit Sätzen wie:
- Wir waren 22 Kinder.
- Ein Junge ist weggezogen.
- Jetzt sitze ich in der Pause.
- Wir haben sehr viel gelacht.
- Am Anfang sagte ich neben Nina.
- Das fand ich schade.
- Unsere Lehrerin war sehr nett.
- Wir haben tolle Sachen gemacht.
- Manchmal habe ich mich gestritten.
- Wir haben ihm eine Karte geschrieben.
- Am schönsten war der Ausflug in den Zoo.
- Jetzt sitze ich neben Pascal.

✏️ Schreibe ein eigenes Spinnennetz-Gedicht.
   Du kannst außen oder in der Mitte beginnen.

1 Heckenrätsel

	1	S				
2		c				
3		h				
	4	m				
5		e				
	6	t				
	7	t				
	8	e				
	9	r				
	10	l				
	11	i				
12		n				
	13	g				

Käfer, Ast, Eule, Schmetterling, Vogel, Tee, Baum, Frucht, Gras, Maus, Wetter, Stange, Strauch

Finde die passenden Wörter aus der Lupe.
1. Strauch
2. …

2 St/st oder Sp/sp?

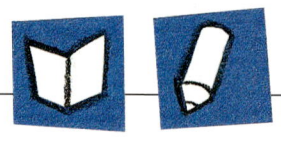

Die Klasse 2a macht einen ▮reifzug durch die Natur.
▮efan ▮aunt:
Wer hat an diesem Baum seine ▮ur hinterlassen?
Ein ▮echt hat ein Loch in den ▮amm gehackt.
Fatima will einen ▮rauß Wiesenblumen pflücken.
Sarah und Billy ver▮ecken sich hinter einem Busch.
Wilma sammelt runde ▮eine.
Nach einer ▮unde müssen die Kinder wieder in die Schule.
Schade, der Ausflug hat ▮aß gemacht.

Schreibe die Geschichte ab oder
schreibe die Wörter mit St/st und Sp/sp heraus.
Kreise (St/st) rot und (Sp/sp) blau ein.

9. Fund

Wörter üben: S. 158–161
Raupe   Regen   Wind

3 Stadt – Land – Fluss als Wortartenspiel

Ein Kind sagt leise das Abc auf. Ein anderes ruft: „Stopp".
Das erste Kind nennt den Buchstaben, bei dem es unterbrochen wurde.
Alle Kinder schreiben Wörter mit diesem Anfangsbuchstaben
in die Tabelle. Wer zuerst fertig ist, ruft: „Stopp".

ABC	Namenwort	Tunwort	Wiewort	Punkte
A	Ast	angeln	alt	

Die Punkteverteilung:
gleiches Wort: fünf Punkte
verschiedene Wörter: zehn Punkte
ein Kind hat alleine ein Wort: zwanzig Punkte

4 -er, -en oder -el?

leb☐   pflanz☐   Wurz☐
     Wett☐
Käf☐   Reg☐   Stäng☐
         Bod☐

grube

5 Findest du die fehlenden Selbstlaute?

H■ck■   B■d■n   F■ld
■g■l   B■sch   W■rz■l
st■ll   ■rd■   f■nd■n
Bl■tt   pfl■nz■n   l■b■n

Hecke, …

6 Wie heißen die Tiere?

Schreibe die Namen der Tiere auf, bei denen du ein langes i hörst.
Kreise (i) rot und (ie) blau ein.
Welche Tiernamen sind Nachdenkwörter, welche Merkwörter?

pflanzen
leben   leise   Biene   Hecke   Wiese
Busch   Erde   Stängel   still
Blatt   Boden   grün   Blüte
Igel   Feld   finden   Wurzel

Wörter üben: S. 158-161

7 Seltsamer Traum

Ein Biber, ein Igel und ein Kaninchen saßen unter einem Strauch.
Der Biber hatte einen komischen Traum.
Im Traum gingen alle drei auf Reisen.
Sie fuhren mit einer Lokomotive in ein fernes Land,
vorbei an Bäumen mit Zitronen und Mandarinen.
Als der Zug stoppte, wurden sie an der Haltestelle von einem
Krokodil und einem Tiger erwartet.
Die beiden waren sehr nett und wollten sie gar nicht fressen.
„Schön, dass ihr gekommen seid", sagte der Tiger.
Der Biber, der Igel und das Kaninchen vertrauten ihnen und
erzählten aus ihrer Heimat.
„So ein komischer Traum", sagte der Igel am nächsten Morgen.
Das Kaninchen gab ihm zur Antwort: „So sind Träume nun mal."

Schreibe alle Wörter aus der Geschichte heraus, die ein
langgesprochenes i haben, aber nicht mit ie geschrieben werden.
Kreise (i) rot und (ih) blau ein.

grube

Ideen-Kalender

Waldernte

Die zwei Wurzeln

Zwei Tannenwurzeln groß und alt
unterhalten sich im Wald.

Was da droben in den Wipfeln rauscht,
das wird hier unten ausgetauscht.

Ein altes Eichhorn sitzt dabei
und strickt wohl Strümpfe für die zwei.

Die eine sagt: knig. Die andre sagt: knag.
Das ist genug für einen Tag.

(Christian Morgenstern)

Sternschnuppe

Melodie: Ute Andresen, R. Mühlbauer,
Text: Ute Andresen

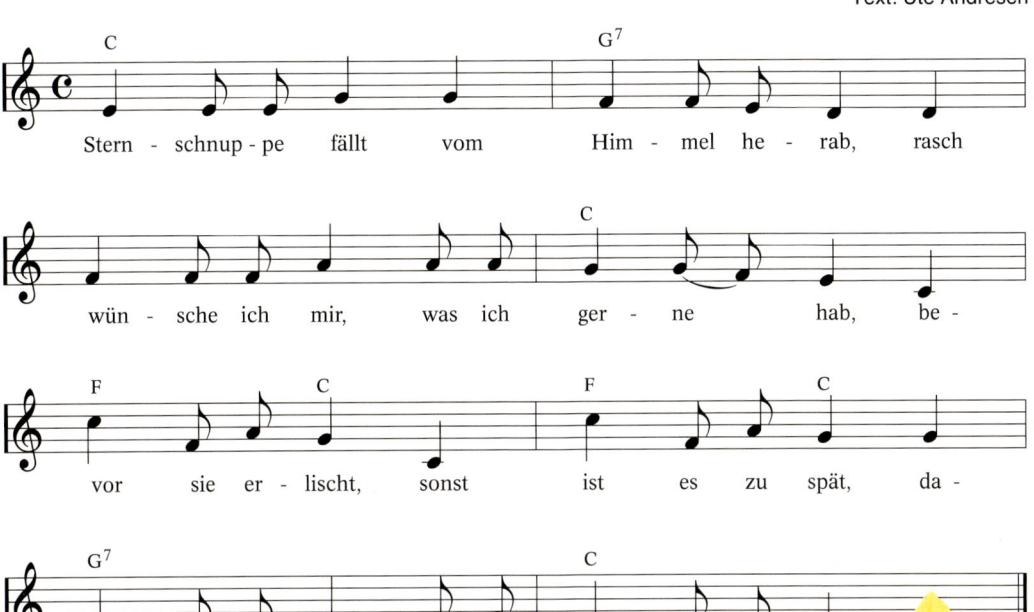

Stern-schnup-pe fällt vom Him-mel he-rab, rasch wün-sche ich mir, was ich ger-ne hab, be-vor sie er-lischt, sonst ist es zu spät, da-mit es be-stimmt in Er-fül-lung geht.

Falte dir einen Stern, schreibe deinen Wunsch hinein und falte den Stern wieder zu ...

Lichterfrauen
Wenn die Sonne hinter den Bäumen versinkt, beginnen die Lichterfrauen über die Felder zu tanzen.

Die Geschichte vom heiligen Nikolaus

Der Bischof Nikolaus
lebte vor sehr langer Zeit
in einem fernen Land.

Zu der Zeit herrschte
in diesem Land eine große
Hungersnot und die Menschen
waren verzweifelt.
Das konnte der Bischof Nikolaus
nicht länger mitansehen.
Er wollte den Menschen helfen,
aber er wusste nicht wie.

Eines Tages legte ein unbekanntes
Schiff im Hafen an.
Es gehörte einem fremden und
sehr reichen König.
Das Schiff hatte Getreide geladen.
Als die Hungernden davon
erfuhren, baten sie die Matrosen
etwas von der wertvollen Fracht
haben zu dürfen.
Die Matrosen aber gaben nichts ab.
Das Getreide gehörte schließlich
dem König!

Daraufhin ging der Bischof Nikolaus
selbst zum Hafen und sagte zu den Matrosen:
„Helft diesen armen Menschen!
Sie werden sonst verhungern."
Die Matrosen aber antworteten:
„Wir können euch nicht helfen.
Unser König wird uns sicher hart bestrafen,
wenn wir das Getreide nicht
mit nach Hause bringen."

Da sprach der Bischof Nikolaus:
„Helft nur, habt keine Angst vor
eurem König! Vertraut mir!"

Die Matrosen bekamen Mitleid
mit den hungernden Menschen und
sie taten, was ihnen der Bischof
Nikolaus gesagt hatte.
Nach und nach luden
sie das Getreide aus.
Das Korn wurde gemahlen und
aus dem Mehl wurde Brot gebacken.
Alle wurden satt.

Als aber das Schiff aus dem Hafen fuhr,
war es, wie durch ein Wunder, wieder voll beladen.

Weihnachten ist nicht mehr weit

Melodie: Detlev Jöcker, Text: Rolf Krenzer

1. Di - cke ro - te Ker - zen, Tan - nen - zwei - gen - duft
und ein Hauch von Heim - lich - kei - ten liegt jetzt in der Luft.
Und das Herz wird weit. Macht euch jetzt be - reit: Bis
Weih - nach - ten, bis Weih - nach - ten ist's nicht mehr weit.

Ideen-Kalender

Bald ist Weihnachten

Bei diesem Weihnachtsspiel können beliebig viele Kinder mitspielen.
Ihr braucht:
Spielfiguren, einen Würfel, einige Plätzchen und Nüsse.

4 Du rennst zu deinem Adventskalender. Rücke 2 Felder vor.

3 Damit das Warten nicht so lang ist, darfst du ein Plätzchen essen.

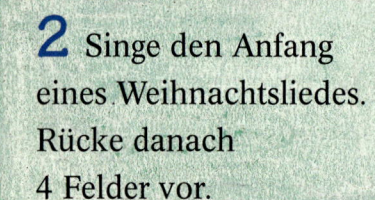

2 Singe den Anfang eines Weihnachtsliedes. Rücke danach 4 Felder vor.

1 Du suchst heimlich im Schrank nach Weihnachtsgeschenken. Gehe 3 Felder zurück.

5 Sage ein Weihnachtsgedicht auf. Dann darfst du noch einmal würfeln.

6 Das Glöckchen läutet. Gehe zur Wohnzimmertür. Erzähle, wie es bei dir dahinter aussieht.

7 Du fragst zu oft nach dem Christkind. Gehe 2 Felder zurück.

8 Knacke drei Nüsse und gib jedem deiner Nachbarn eine ab.

Endlich ist es so weit!

9 Was ist dein größter Weihnachtswunsch? Erzähle und würfle dann noch einmal.

Ideen-Kalender

Die Jahresuhr steht niemals still

In einem Jahr dreht sich die Erde einmal um die Sonne.

Ordne die Monatsnamen in der richtigen Reihenfolge zu einem Jahreskreis.
Wann hast du Geburtstag?
Welche Feste werden in den Monaten gefeiert?

Mit Bildern, Fotos oder Sprüchen, die zu den einzelnen Monaten passen, könnt ihr auch so einen Jahreskreis gestalten.

Im Winter

Januar – das ist die Zeit,
in der's kalt ist und oft schneit.

Der See friert zu. Dir friert die Nase.
Die Amsel friert und auch der Hase.

Die Wiese: nicht mehr grün, ganz weiß!
Am Fenster: Blumen, zart aus Eis.

Auf Schi und Schlitten geht's ins Tal
und wieder 'rauf und noch einmal

bergab. Am Abend Kerzenschein –
so schön kann es im Winter sein.

(Claudia Toll)

Lies den Text in einer anderen Reihenfolge.

Suche für   AMSEL   BLUMEN   SCHI   andere Namenwörter.

Verändere das Gedicht mit anderen Winter-Wörtern.

Schneemann   Rehe   Schneeballschlacht

Fuchs   Schlittschuhe   Igel   Vogelfutter

Eiszapfen

Rauch aus dem Schornstein   Spuren im Schnee

Der Frühling kommt bald

Mein Frühlingsbuch

Grüne Bäume
grüne Wiesen
Vögel zwitschern
es wird warm
weiße Blüten
erste Blumen
Ringelreihen
Arm in Arm

(A. Schweiggert)

Ich finde die ersten Blumen

Den Frühling kann ich

sehen
hören
riechen
schmecken

Herr Winter,
geh hinter,
der Frühling kommt bald!
Das Eis ist geschwommen,
die Blümlein sind kommen,
und grün wird der Wald.

Herr Winter,
geh hinter,
dein Reich ist vorbei.
Die Vögelein alle,
mit jubelndem Schalle,
verkünden den Mai!

(Christian Morgenstern)

Ideen-Kalender

Magst du auch ein Dichter sein?
Leih dir die ersten drei Zeilen der beiden Strophen
bei Christian Morgenstern aus.
Schreibe die letzten drei neu.
Es muss sich nicht reimen.

Fahrrad

Knospen an den Bäumen

Schlüsselblumen

Schneeglöckchen

Sonnenschein

Springseil

Hummeln

blauer Himmel

Rollerskates

Krokusse

Kaulquappe

FRÜHLING

143

Ideen-Kalender

Wie das Gänseblümchen zu seinem Namen kam

Langsam, ganz langsam
zieht sich der Winter in die Berge zurück
und nimmt Schnee und Frost mit.
Die grauen Schneeflecken
auf Wiesen, Äckern, Straßenrändern und Plätzen
schmelzen zu nassen Pfützen zusammen.
Allmählich taut der Erdboden auf
und bald gucken die ersten grünen Spitzen hervor.
Wenig später entdeckst du dazwischen
auch einige Blattrosetten
mit kugelig weißen Blütenknospen.
Wenn sie sich im Sonnenlicht öffnen,
zeigen sie schmale, weiße Blütenblätter mit rosaroten Spitzen.
Weiß wie das Federkleid der Gänse und gelb wie deren Schnäbel,
so schauen sie aus, dachten die Leute vor langer Zeit
und gaben der Blume den Namen „Gänseblümchen".

(Sabine Lohf/Sibylle Sailer)

Gänseblümchen-Seerose
Wenn du ein Gänseblümchen durch ein großes grünes Blatt steckst und auf dem Wasser schwimmen lässt, sieht es aus wie eine Seerose.

Gänseblümchen-Kette
Schlitze einen
Gänseblümchen-Stängel
mit dem Fingernagel.
Stecke durch den Schlitz
ein anderes Gänseblümchen.
Schlitze seinen Stängel wieder …
… bis deine Kette lang genug ist.

144

Das Gänseblümchen zeigt dir die Tageszeit an

morgens

mittags

abends

Ich freue mich, wenn ich dich seh,
ich finde dich so nett,
ich schenke dir mein H und E,
mein R und auch mein Z.

(Frantz Wittkamp)

Die Wolkenreise

Einst liebte der Wind
ein Wolkenkind.
Weiß, duftig und zart,
nach Wolkenart,
zog es über den Himmel geschwind.
„Komm mit mir auf die große Reise!
Ich zeige dir die Welt auf meine Weise!",
lockte der Wind
das Wolkenkind.

„Ich zeige dir Wälder,
Wiesen und Felder,
grüne Steppen mit wilden Pferden,
Rinderherden,
Wolkenkratzer
und einsame Wüsten,
hohe Berge und steile Küsten.
Ich zeige dir Schiffe,
Korallenriffe
und bring dich, ganz ohne Geld,
rund um die Welt."

Da seufzte das Wölkchen tief
und rief:
„Ich kann nicht mit dir gehn,
auf Wiedersehn!
Schön war es, dir zu begegnen,
aber jetzt muss ich leider regnen!"

(Sigrid Heuck)

Wähle eine Gedichtzeile aus, schreibe sie ab und male dazu.
Klebt eure Bilder nebeneinander, dann habt ihr ein eigenes Bilderbuch.

Ideen-Kalender

Tino, Nele, Simon und Paul
haben sich einen Matratzenflieger gebaut.
Mit dem starten sie
zu einer windigen Wolkenreise.
Schon nach kurzer Flugzeit
entdecken sie unter sich
eine seltsam veränderte Landschaft ...

Hexenküche

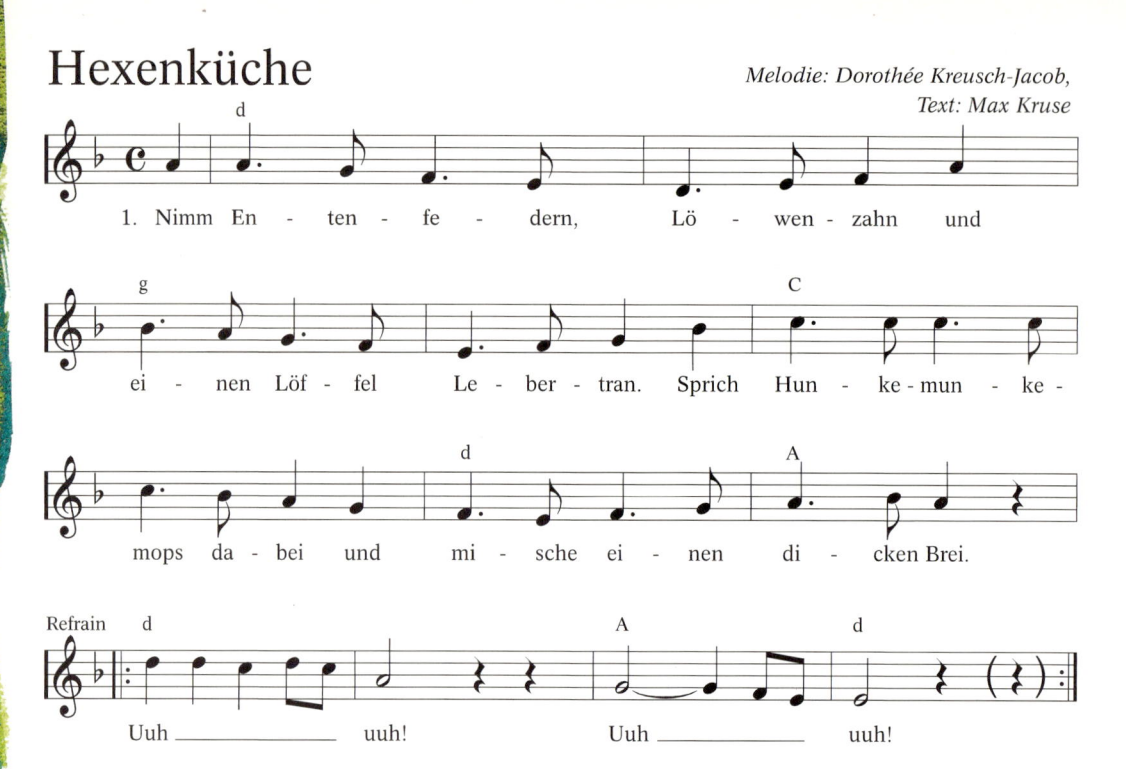

Melodie: Dorothée Kreusch-Jacob,
Text: Max Kruse

1. Nimm Entenfedern, Löwenzahn und einen Löffel Lebertran. Sprich Hunkemunkemops dabei und mische einen dicken Brei.

Refrain:
Uuh — uuh! Uuh — uuh!

2. Schmier dir die Nasenspitze ein
und stell dich in den Mondenschein.
Und schwebst du nun nicht in die Nacht –
dann hast du was verkehrt gemacht.
Uuh – uuh! ...

Hexe weiter ... Larifari ... Eulenschrei ... Zauberwolke, flieg herbei ...

Hinkelstein
Löwenzahn
Geisterbahn
Fingerhut   Krötenbein
Drachenblut

Rezept

Man nehme aus der fernsten Ferne
drei große und drei kleine Sterne
und schneide sie in Scheiben auf.
Dann schmiert man Abendrot darauf
und hacket einen Mondenzipfel
sowie ein Stückchen Wolkengipfel,
bestreut sie kurz mit Morgentau,
mit Donnergroll, azurnem Blau,
mit Nebel, Schneekristallgeglimmer
und sanftem Abendsonnenflimmer.
Zum Schluss verrührt man alles gut
und speist es aus dem Fingerhut.
Und dazu trinkt man Regenwein,
und tut man's nicht, so lässt man's sein!

(Gina Ruck-Pauquèt)

Eine Geschichte zum Fürchten

Mama gibt Robert einen Gute-Nacht-Kuss.
„Erzählst du mir noch die Geschichte von der Hexe?
Du hast es mir versprochen!", bettelt Robert.
„Bist du sicher, Robert", fragt Mama, „dass du vorm
Einschlafen eine Hexengeschichte hören willst?"
„Ja! Bitte, Mama, erzähl!"

„Es war einmal eine süße Hexe, die auf
einem wunderschönen rosafarbenen Besen ritt."

„Nein, nein!", sagt Robert. „Wenn sie eine Hexe ist,
dann ist sie böse! Und ihr Besen ist alt und schwarz!"

„Also gut", beginnt Mama noch einmal, „es war
einmal eine böse Hexe mit einem hässlichen
schwarzen Besen. Sie lebte mit einem munteren,
weißen Kätzchen in einem prächtigen Schloss ..."

„Nein, Mama!", ruft Robert. „Wenn sie eine Hexe ist,
dann ist ihr Schloss gruselig und halb verfallen.
Und ihre Katze ist wild und getigert."

„Also gut", sagt Mama. „Die Hexe lebte mit ihrer
wilden, getigerten Katze in einem gruseligen,
halb verfallenen Schloss.
An einem sonnigen Morgen ging sie in den Wald
um Beeren zu pflücken. Dort begegnete sie ..."

aus: Eine Geschichte zum Fürchten
(Magdalena G. Jullien)

Wie möchtest du die Geschichte weitererzählen?
So wie Robert oder so wie seine Mama oder ganz, ganz anders ...

Tim in London

Tim fliegt nach England.
Am Flughafen in London wartet seine Kusine Sara.
Tim sieht sie sofort.
Sara winkt und lacht: „Welcome! Willkommen, Tim!"
Tim sagt: „Hallo, Sara, hallo, Onkel Ted!"
„Hallo, Tim", sagt Onkel Ted
und nimmt Tims Rucksack.

Tante Ruth ist draußen beim Auto. Sie steigen ein.
Tim ruft: „Das Lenkrad ist falsch eingebaut!"
Tante Ruth fährt los.
Tim schreit: „Halt! Stopp!
Du bist auf der falschen Straßenseite."
Onkel Ted dreht sich zu Tim um und beruhigt ihn:
„Okay, okay ..."
Tante Ruth erklärt: „Hier ist vieles anders.
Das Lenkrad ist rechts. Die Autos fahren links."
„Wie? Wo ist rechts und wo ist links?", fragt Tim.
Er ist ganz durcheinander.
Sara meint: „Alle fahren richtig, links eben."
Tim staunt: „Das muss schwer sein!"
Tante Ruth und Onkel Ted lachen.
Und Tim findet es nun toll, links zu fahren.
Am liebsten würde er nur noch im Auto sitzen.

Am nächsten Tag darf er mit Sara Bus fahren.
Der Bus kommt nicht gleich. Die Menschen stehen
geduldig in einer Reihe. Endlich biegt er um die Ecke,
der hohe rote Bus. Begeistert stürmt Tim nach vorn.
Aber Sara hält ihn zurück: „Warte!
Hier drängelt man sich nicht vor."

Tim und Sara gehen natürlich nach oben.
Von hier sehen sie auf die Straße hinab.
„Alle fahren links", sagt Tim.
„Das ist komisch, wirklich sehr komisch!"
„Es ist anders", antwortet Sara.
„Einfach nur anders als in Deutschland."
Tim lacht: „Jedenfalls werde ich rechts und links
nie mehr verwechseln."

(Sabine Jörg)

Theater spielen

Kleine Räubergeschichte zum Singen und Spielen

ALLE, *geheimnisvoll flüsternd:*	ERZÄHLER:	ERZÄHLER:
Es schli-	Ein Dieb schlich durch die Nacht.	Da hörte er einen hässlichen Ton.
schli-	ALLE:	HUND, *plötzlich, laut:*
schli-	Sa-	Wau-wau!
schli-	sa-	ALLE, *ganz schnell:*
schli-	sa-	Da lief der Die-
ein Die-	sa-	Die-
Die-	sa-sa-sa-sa-	Die-
Die-	sa-sa-sa-sa-	Die-
Die-	sa-	Die-
Die-	sacht.	der Die-
		Die-
		Dieb davon!

(Josef Guggenmos)

Wer könnte den Dieb sonst noch stören?

eine Katze ein anderer Dieb ein Nachtgespenst

ein Polizist ein Auto

ein Reiter der Hausbesitzer mit Schlüsselbund

Ideen-Kalender

Schattenspiel
nach Ideen aus Märchen:

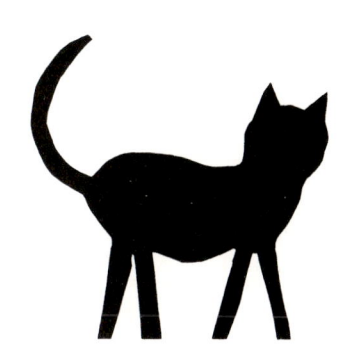

Handpuppenspiel mit Fantasiefiguren, die sich treffen:

„Du siehst so verknittert aus ..."

„Ich habe auch einen aufregenden Flug hinter mir ..."

„Ja? Erzähl mal!"

Texte schreiben

Texte planen und schreiben

1. Aufschreiben, was wichtig ist

Stichpunkte aufschreiben

Wenn man sich mehrere wichtige Dinge merken will, hilft ein Stichpunktzettel.

Toni fährt im Winter in die Berge.
Schreibe in Stichpunkten auf,
was er einpacken soll.

- Schneeanzug
- Unterwäsche
- warme Socken
- Wasserball
- Pullover
- Badehose
- Taucherbrille
- Schlafanzug
- …

Etwas in Stichpunkten erklären

Auch eine Erklärung für andere kann man in Stichpunkten aufschreiben.

Die Prinzessin auf dem Kürbis schlägt dem Prinzen vor:

„Du kannst die Zimmer bunt anstreichen
und richtige Betten herrichten.
Außerdem möchte ich,
dass du gutes Essen kochst und kühle Getränke servierst.
Musik brauchen wir auch."

- Zimmer anstreichen
- Bett …

2. Die Reihenfolge muss stimmen

Lotte gibt eine Geburtstagsparty.
Ordne die Stichpunkte nach der
richtigen Reihenfolge.
Schreibe dann so:

- Zimmer schmücken
- Spiele vorbereiten
- Einladungen schreiben
- Tisch decken …

**Lotte schreibt zuerst die Einladungen.
Sie …**

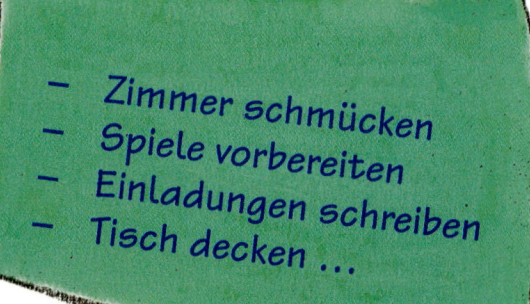

Texte überarbeiten

Texte noch einmal lesen

Lies deinen Text noch einmal sorgfältig durch.
Gut ist, wenn du ihn dann einem anderen Kind laut vorlesen darfst.

Texte beurteilen

Darauf solltet ihr beim Selbstlesen und Zuhören achten:
– Ist jeder Satz zu Ende geschrieben?
– Steht am Satzende das richtige Zeichen?
– Stimmt die Reihenfolge?

Texte verbessern

Wenn du einen Fehler gemacht hast, kannst du ihn so berichtigen:

> mag
> Julia ~~mak~~ heute keine Semmeln
> essen. ~~Sie will heute.~~[1]
> Sonst mag sie immer Hosen
> anziehen, aber heute will sie lieber
> einen Rock tragen.

[1] Sie will heute Obst essen.

Dosendiktat

Schreibe jedes Wort auf ein Kärtchen.
Nimm nun ein Kärtchen
und schau dir das Wort genau an.
Jetzt kommt die Karte in eine Dose.
Schreibe das Wort in dein Heft.
So machst du es mit allen Kärtchen.
Am Schluss vergleichst du die Wörter im Heft
mit den Kärtchen in der Dose.

Kuscheltierdiktat

Lest den Text gemeinsam.
Ein Kind nimmt das Kuscheltier, das andere schreibt.

Das Kuscheltier diktiert den Text.
Es stoppt bei jedem Zeichen
oder am Ende der Zeile.
Es achtet darauf, dass das Kind,
das schreibt, keinen Fehler macht.
Macht es doch einen Fehler,
beginnt das Kuscheltier Geräusche
zu machen oder zu kuscheln.
Wenn das Kind, das schreibt,
nicht selbst den Fehler entdeckt,
darf es das Kuscheltier fragen.
Vergleicht am Ende des Diktats genau mit der Vorlage.

Schleichdiktat

Lies den Text.

Lege ihn irgendwo
im Klassenzimmer aus.

Merke dir die ersten Wörter,
schleiche auf deinen Platz
und schreibe sie auf.

Nun schleiche wieder zu deinem Text,
merke dir die nächsten Wörter ...

Hole am Schluss den Text
und vergleiche genau.

Suche dir eine Diktatform aus und erprobe sie an diesem Text:

Hund und Katze
wohnten in einem Haus.
Der Hund ging hinaus.
Die Katze ging hinaus.
Wer war danach noch im Haus?

(Das und)

So kannst du die **Wörter** aus der **Fundgrube** alleine üben:

Mitsprechwörter
Ich schreibe, wie ich spreche.

Nachdenkwörter
Ich denke nach und weiß eine Regel.

Merkwörter
Ich muss mir merken, wie ich schreibe.

1. Entscheide bei jedem Wort aus der Fundgrube, ob es für dich ein Mitsprechwort, ein Nachdenkwort oder ein Merkwort ist. Schreibe es dann in die passende Spalte.

Hexe, sehen, blühen, Auge, singen, schauen, klein, gelb, bunt, reisen, blau, schön, Brief, schreiben, Blume, Bild, Quadrat

Mitsprechwörter	Nachdenkwörter	Merkwörter
Blume	Bild	Quadrat

Wörter üben

158

2. Spaltendiktat

1	2	3
Bett	...	...
Bruder	...	
Eltern	...	

Schreibe die Wörter in Spalte 1.
Schau dir das erste Wort genau an.
Knick die Spalte 1 um
und schreibe das Wort in Spalte 2.
So machst du es mit allen Wörtern aus Spalte 1.
Am Schluss vergleichst du die Wörter
aus Spalte 1 und 2.
Hast du ein Wort falsch geschrieben,
schreibst du es in Spalte 3 richtig.

3. Ordne die Wörter nach dem Abc:

abbauen
aufbauen
kommen
laut
Leute
schön
Tiere

4. Schreibe die Namenwörter mit ihren Begleitern:

das Gesicht, die Hose, der Mund, die Nase

Wörter üben

5. Ordne die Namenwörter nach ihrem Begleiter:

der	die	das
der Monat	die Woche	das Jahr
der Tag	die Zeit	

6. Setze die Namenwörter in die Mehrzahl:

die Gläser, die Löcher, die Spiele, die Steine …

TIPP: Schau in der Wörterliste nach.

7. Bilde mit den Wörtern Sätze: Mutter   vorlesen   Kind

Die Mutter liest dem Kind vor.

So kannst du die **Wörter** aus der **Fundgrube** mit einem anderen Kind üben:

1. Wörter suchen
   Ein Kind schreibt den Anfang eines Wortes aus der Fundgrube,
   das andere sucht das Wort in der Fundgrube
   und schreibt es zu Ende:
   antworten   Auge   Mädchen

2. Wörter puzzlen
   Ein Kind schreibt Wörter aus der Fundgrube auf Zettel
   und zerschneidet sie in Silben.
   Das andere legt sie
   wieder zusammen:

   mut   fra   Groß
   gen   ter

Geheimschriften

3. Geheimschrift

Ein Kind versteckt einen falschen Buchstaben in einem Wort.
Das andere Kind schreibt das Wort richtig.

Blaume	Blume
Bokden	Boden
suschen	suchen

4. Geheimschrift

Ein Kind schreibt alle Wörter als Wörterschlange
mit großen Buchstaben, das andere schreibt die Wörter richtig.

ASTBLATTBRAUNDICK

Ast, Blatt, braun, dick

5. Geheimschrift

Ein Kind schreibt alle Wörter als Wörterschlange
mit kleinen Buchstaben, das andere schreibt die Wörter richtig.

grünhörennesthochrinde

grün, hören, Nest, hoch, Rinde

Wichtige Begriffe

Namenwörter sind Namen	
für Menschen,	Kind
Tiere,	Hund
Pflanzen,	Löwenzahn
Dinge.	Rad

Man erkennt **Namenwörter** an ihrem Begleiter.	
Namenwörter können einen **bestimmten**	der, die, das
oder einen **unbestimmten Begleiter** haben.	ein, eine

Namenwörter schreibt man immer **groß**.	Haus, Mutter, Katze

Namenwörter können in der **Einzahl**	das Kind, der Baum
oder in der **Mehrzahl** stehen.	die Kinder, die Bäume

Namenwörter können mit einem anderen Namenwort **zusammengesetzt** werden.	Kindergarten, Baumhaus

Tunwörter sagen,	
was Menschen,	lachen
Tiere,	bellen
Pflanzen,	wachsen
Dinge tun.	leuchten

Tunwörter können ihre Form ändern.	
Sie können in der **Grundform** oder	fahren
in einer Personalform (**ich, du, er, sie, es, wir, ihr, sie**) stehen.	ich fahre, du fährst, er fährt, …

Tunwörter bestehen aus Stamm und Endung.	ich fahre	wir fahren
	du fährst	ihr fahrt
An der **Endung** erkennt man, wer etwas tut.	er fährt	sie fahren

Wiewörter sagen, wie etwas ist oder wie man etwas findet.	glatt, rau, lustig
Mit **Wiewörtern** kann man vergleichen.	so sauer wie eine Zitrone
Das erste Wort im **Satz** schreibt man immer groß.	Die Tomanis sind blau. Sie sind …
Hinter **Aussagesätzen** steht ein Punkt.	Ich lache gern.
Hinter **Fragesätzen** steht ein Fragezeichen.	Lachst du nie?
Hinter **Ausrufesätzen** steht ein Ausrufezeichen.	Das ist ja lustig!
Wörter bestehen aus **Buchstaben**. Die verschiedenen Buchstaben haben unterschiedliche **Laute**. Laute, die von selbst klingen, heißen **Selbstlaute** oder **Umlaute**.	a – e – i – o – u ä – ö – ü – äu
Doppellaute sind auch Selbstlaute.	au – ei – eu
Laute, bei denen ein Laut oder mehrere Laute mitklingen, heißen **Mitlaute**.	b – c – d – f – g – h – j – k – l – m – n p – qu – r – s – t – v – w – x – y – z
Wörter bestehen aus **Silben**. Wörter kann man nach Silben trennen.	
Manche Wörter haben nur eine Silbe.	Haus
Manche Wörter bestehen aus zwei Silben.	Au-to
Manche Wörter haben viele Silben.	Klas-sen-zim-mer
Sammelnamen schaffen Ordnung.	Spielwaren: Ball, Puppe, Teddy Gemüse: Gurke, Tomate, Zwiebel

Lexikon

Ein Lexikon ist ein Wörterbuch mit einzelnen Bildern. Die Wörter sind nach dem Alphabet geordnet und es wird erklärt, was sie bedeuten.

Bürzel

Der Bürzel ist die hinterste Stelle des Rückens bei Vögeln. Dort beginnt der Schwanz. Oft hat der Bürzel eine auffällige Farbe, z.B. weiß. Auf dem Bürzel, unter den Federn, liegt bei vielen Vögeln eine Drüse. Aus ihr kommt eine ölige Flüssigkeit. Die Vögel verteilen sie mit dem Schnabel auf ihrem Gefieder. Diese Flüssigkeit lässt das Wasser von den Federn abperlen und schützt die Vögel vor Kälte und Nässe.

Maikäfer

Ein Maikäfer entwickelt sich in mehreren Stufen:

Der Käfer legt Eier. Nach einem Monat schlüpft aus jedem Ei ein Engerling. Im dritten oder vierten Jahr verpuppt sich der Engerling. Aus der Puppe schlüpft dann ein neuer Maikäfer.

Mickymaus

© Disney

Die Mickymaus ist eine Figur aus Zeichentrickfilm und Comic. Sie hat riesige, schwarze Ohren, eine schwarze Kugelnase und breite Pausbacken.
Ihr Erfinder heißt Walt Disney.

Mondsilber

Das Licht des Mondes wirkt in der Dunkelheit der Nacht geheimnisvoll und zauberhaft, wie ein silbernes Band, das auf die Erde fällt. Vom Mondsilber erzählt man in Märchen und Fantasie-Geschichten.

Lexikon

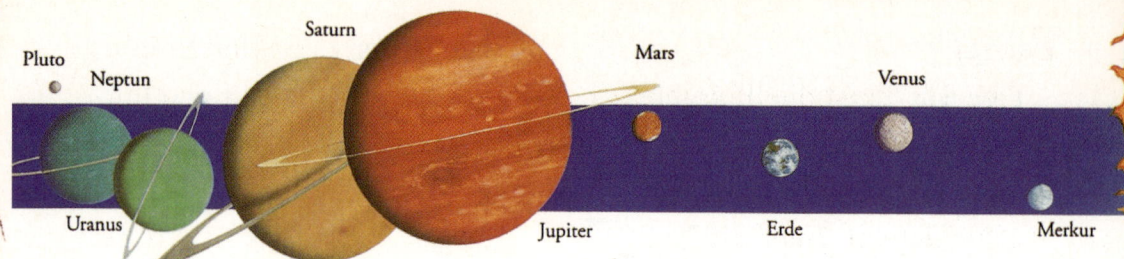

Pluto · Neptun · Uranus · Saturn · Jupiter · Mars · Erde · Venus · Merkur

Planet

Planeten sind Himmelskörper, die sich um die Sonne drehen.
Das Wort Planet kommt aus dem Griechischen und bedeutet „Wanderer".
Unser Sonnensystem hat neun Planeten:
Merkur, Venus, Erde, Mars, Jupiter, Saturn, Uranus, Neptun und Pluto.
Der Planet Erde braucht 24 Stunden um die Sonne einmal zu umkreisen.

Reporterteam

Ein Reporterteam sind zwei oder mehr Reporter.
Reporter arbeiten für eine Zeitung, für den Rundfunk oder das Fernsehen.
Sie schildern Ereignisse, die die Leser, Hörer oder Zuschauer interessieren. Sie befragen Leute.
So eine Befragung nennt man Interview *(sprich: interwju)*.

Schwänzeltanz

Der Schwänzeltanz ist ein Tanz der Bienen.
Wenn eine Biene eine gute Futterstelle entdeckt hat, fliegt sie zu ihrer Wabe und vollführt einen besonderen Tanz.
Sie bewegt ihren Hinterleib hin und her, sie „schwänzelt".
Mit diesem Schwänzeltanz zeigt sie den anderen an, wo die Futterstelle ist und wie viel Futter es gibt.

Teddy

Den Teddybär aus Plüsch gibt es seit fast hundert Jahren. Über seinen Namen gibt es verschiedene Geschichten, zum Beispiel diese:
Der amerikanische Präsident Theodor Roosevelt, der auch Teddy Roosevelt genannt wurde, war ein begeisterter Jäger. Einmal fingen seine Jagdgehilfen einen jungen Bären und banden ihn an einen Baum. Sie ermunterten den Präsidenten das Tier zu erschießen. Der aber rief empört: „Wenn ich dieses kleine Tier töten würde, könnte ich meinen Kindern nie wieder in die Augen sehen!"
Von diesem Vorfall berichteten die Zeitungen. Da hatte eine Frau eine Idee. Sie fertigte einen Plüschbären an und setzte ihn ins Schaufenster ihres Ladens. Dazu schrieb sie auf ein Schild: Teddy's Bär.
Die Leute waren begeistert von dem kuscheligen Spielzeug und schnell wurde der Teddybär weltberühmt.

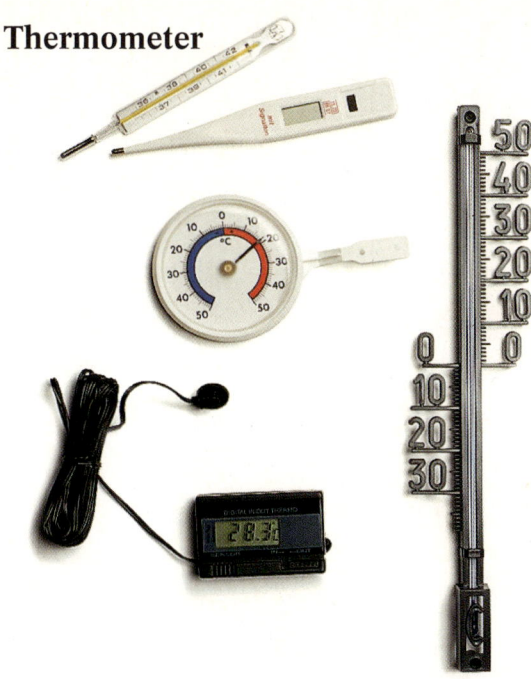

Thermometer

Ein Thermometer ist ein Gerät, mit dem man die Temperatur messen kann.
Die meisten Thermometer haben ein Glasröhrchen, in dem farbige Flüssigkeit ist. Sie zeigt an, wie heiß oder kalt es ist. Steigt die Temperatur, erwärmt sich auch die Flüssigkeit. Sie dehnt sich aus und steigt in dem Röhrchen nach oben. Wird es kälter, zieht sich die Flüssigkeit zusammen und sinkt in dem Röhrchen.
Die Temperatur wird bei uns in Grad Celsius gemessen.
Manche Thermometer zeigen die Temperatur mit Zeigern oder Ziffern an.

Wörter nachschlagen

Achte auf die Farben, dann findest du die Wörter ganz schnell:

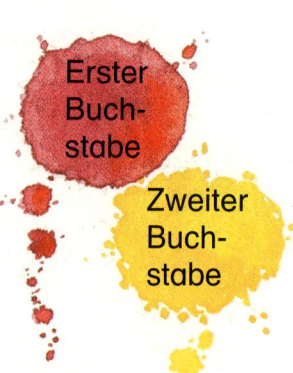

Du findest das Wort nicht unter	Suche unter
ä	e
äu	eu
e	ä
eu	äu
f	v oder pf
v	f oder w
w	v

Erster Buchstabe
Zweiter Buchstabe

Farbe

die **Farbe**, die Farben
der **Februar**
die **Feder**, die Federn
fehlen, du fehlst
das **Fell**, die Felle
das **Fenster**, die Fenster
die **Ferien**
fernsehen, du siehst fern, sie sah fern
fertig

Farbleitsystem aus dem Wörterbuch „Simsalabim", geschützt durch deutsches Gebrauchsmuster, Nr. 296 11 502.9

Wörterliste

168

Fehler vermeiden

Bist du unsicher,
wie man ein Wort schreibt?
Frage leise ein anderes Kind
oder schlage in der Wörterliste
oder einem Wörterbuch nach.

Schau dir das Wort ganz genau an,
schreibe es auswendig auf.

Vergleiche.
Jetzt erst klappst du das Wörterbuch zu.

So kannst du mit der Wörterliste arbeiten:

Schreibe heraus:
1. alles, was man essen kann
2. alles, was fliegt
3. alles, was in einer Wohnung ist
4. alles, was du auf eine Reise mitnimmst
5. alles, was in der Schule ist
6. alles, was du anziehen kannst
7. alle Monate
8. alle Wochentage

9. andere Wörter für „gehen"
10. andere Wörter für „sagen"

11. alle Farben
12. alle Zahlen

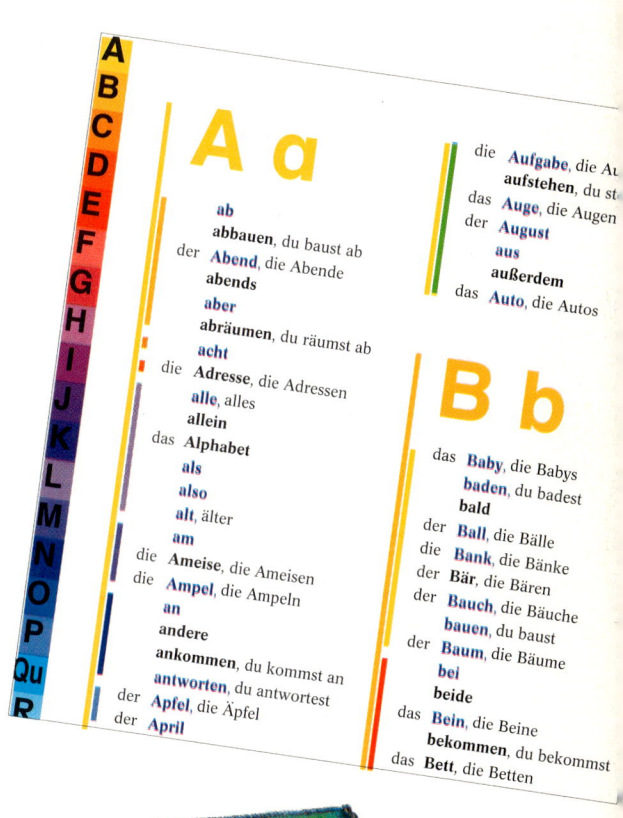

Wie du diese Wörter üben kannst, steht auf Seite 158-161.

A a

    ab
    abbauen, du baust ab
der **Abend**, die Abende
    abends
    aber
    abräumen, du räumst ab
    acht
die **Adresse**, die Adressen
    alle, alles
    allein
das **Alphabet**
    als
    also
    alt, älter
    am
die **Ameise**, die Ameisen
die **Ampel**, die Ampeln
    an
    andere
    ankommen, du kommst an
    antworten, du antwortest
der **Apfel**, die Äpfel
der **April**
    arbeiten, du arbeitest
    ärgern, du ärgerst
der **Arm**, die Arme
der **Artist**, die Artisten
der **Ast**, die Äste
    auch
    auf
    aufbauen, du baust auf

die **Aufgabe**, die Aufgaben
    aufstehen, du stehst auf
das **Auge**, die Augen
der **August**
    aus
    außerdem
das **Auto**, die Autos

B b

das **Baby**, die Babys
    baden, du badest
    bald
der **Ball**, die Bälle
die **Bank**, die Bänke
der **Bär**, die Bären
der **Bauch**, die Bäuche
    bauen, du baust
der **Baum**, die Bäume
    bei
    beide
das **Bein**, die Beine
    bekommen, du bekommst
das **Bett**, die Betten
    bewegen, du bewegst
    bezahlen, du bezahlst
der **Biber**, die Biber
die **Biene**, die Bienen
das **Bild**, die Bilder
ich **bin** – sein
die **Birne**, die Birnen
    bis

    bisschen
du **bist** – sein
    bitten, du bittest
das **Blatt**, die Blätter
    blau
    bleiben, du bleibst
    bloß
    blühen, es blüht
die **Blume**, die Blumen
die **Blüte**, die Blüten
der **Boden**, die Böden
    böse
    braun
der **Brief**, die Briefe
die **Brille**, die Brillen
    bringen, du bringst
das **Brot**, die Brote
das **Brötchen**, die Brötchen
die **Brücke**, die Brücken
der **Bruder**, die Brüder
das **Buch**, die Bücher
    bunt
die **Burg**, die Burgen
der **Bürgersteig**
der **Busch**, die Büsche
die **Butter**

C c

der **Cent**
der **Christbaum**, die Christbäume
der **Computer**, die Computer

D d

    da
    danken, du dankst
    dann
    daran, auch: dran
du **darfst** – dürfen
    darauf, auch: drauf
    das
    dass
    davon
    dein, deine, deiner
    dem
    den
    denken, du denkst
    denn
    der
    des
der **Dezember**
    dich
    dick
    die
der **Dienstag**
    dies, diese, dieser
    dir
    doch
der **Dompteur**, die Dompteure
der **Donnerstag**
das **Dorf**, die Dörfer
    dort
    draußen
    drehen, du drehst
    drei

du
dunkel
durch
dürfen, du darfst
der **Durst**

E e

das **Ei**, die Eier
eigentlich
ein, eine, einer
einmal
eins
das **Eis**
der **Elefant**, die Elefanten
elf
die **Eltern**
das **Ende**, die Enden
endlich
eng
die **Ente**, die Enten
er
die **Erbse**, die Erbsen
die **Erde**
erzählen, du erzählst
es
essen, du isst
etwas
euch
euer, eure
die **Eule**, die Eulen
der **Euro**

F f

fahren, du fährst
das **Fahrrad**, die Fahrräder
du **fährst** – fahren
fallen, du fällst
du **fällst** – fallen
falsch
die **Familie**, die Familien
fangen, du fängst
du **fängst** – fangen
der **Februar**
die **Feder**, die Federn
fehlen, du fehlst
fein
das **Feld**, die Felder
das **Fell**, die Felle
das **Fenster**, die Fenster
die **Ferien**
fernsehen, du siehst fern
fertig
finden, du findest
der **Finger**, die Finger
der **Fisch**, die Fische
die **Fliege**, die Fliegen
fliegen, du fliegst
der **Flügel**, die Flügel
der **Fluss**, die Flüsse
flüssig
fragen, du fragst
die **Frau**, die Frauen
der **Freitag**
fremd

der **Fremde**, die Fremden
fressen, du frisst
die **Freude**
sich **freuen**, du freust dich
der **Freund**, die Freunde
die **Freundin**, die Freundinnen
frisch
du **frisst** – fressen
der **Frosch**, die Frösche
die **Frucht**, die Früchte
der **Frühling**
das **Frühstück**
füllen, du füllst
der **Füller**, die Füller
fünf
für
der **Fuß**, die Füße
füttern, du fütterst

G g

ganz, ganze, ganzer
der **Garten**, die Gärten
geben, du gibst
der **Geburtstag**, die Geburtstage
gehen, du gehst
gelb, gelbe
das **Geld**, die Gelder
das **Gemüse**
gern
die **Geschichte**, die Geschichten

das **Gesicht**, die Gesichter
gestern
gesund, gesunde
du **gibst** – geben
die **Giraffe**, die Giraffen
gleich
das **Gras**, die Gräser
groß, größer
grün
gucken, du guckst
gut

H h

das **Haar**, die Haare
haben, du hast
der **Hahn**, die Hähne
halb
der **Hals**, die Hälse
halten, du hältst
du **hältst** – halten
der **Hamster**, die Hamster
die **Hand**, die Hände
das **Handy**, die Handys
hängen, du hängst
hart, härter
der **Hase**, die Hasen
du **hast** – haben
das **Haus**, die Häuser
die **Haut**, die Häute
die **Hecke**, die Hecken
das **Heft**, die Hefte

heiß
heißen, du heißt
helfen, du hilfst
hell
das Hemd, die Hemden
her
heraus
der Herbst
der Herr, die Herren
herunter
das Herz, die Herzen
heute
die Hexe, die Hexen
hier
die Hilfe
du hilfst – helfen
der Himmel
hin
hinaus
hinter
hoch
holen, du holst
hören, du hörst
die Hose, die Hosen
der Hund, die Hunde
hundert

ihm
ihn, ihnen
ihr, ihre
im
immer
in
ins
du isst – essen
es ist – sein

J j

ja
das Jahr, die Jahre
der Januar
jede, jeder, jedes
jetzt
der Jongleur, die Jongleure
der Juli
jung
der Junge, die Jungen
der Juni

I i

ich
die Idee, die Ideen
der Igel, die Igel

K k

der Käfer, die Käfer
der Käfig, die Käfige
der Kakao
der Kalender, die Kalender

kalt
die **Kälte**
du **kannst** – können
kaputt
die **Kassette**, die Kassetten
die **Katze**, die Katzen
kaufen, du kaufst
kein, keine, keiner
kennen, du kennst
die **Kette**, die Ketten
das **Kind**, die Kinder
die **Kirche**, die Kirchen
die **Klasse**, die Klassen
das **Kleid**, die Kleider
klein
kochen, du kochst
kommen, du kommst
können, du kannst
der **Kopf**, die Köpfe
der **Körper**, die Körper
krank
kratzen, du kratzt
das **Kraut**, die Kräuter
kriegen, du kriegst
die **Küche**, die Küchen
der **Kuchen**, die Kuchen
die **Kuh**, die Kühe
der **Kürbis**, die Kürbisse
kurz
kuscheln, du kuschelst

L l

lachen, du lachst
die **Lampe**, die Lampen
lang
langsam
lassen, du lässt
du **lässt** – lassen
laufen, du läufst
du **läufst** – laufen
laut
leben, du lebst
legen, du legst
der **Lehrer**, die Lehrer
die **Lehrerin**, die Lehrerinnen
leicht
leise
lernen, du lernst
lesen, du liest
die **Leute**
das **Lexikon**
das **Licht**, die Lichter
lieb
lieben, du liebst
das **Lied**, die Lieder
liegen, du liegst
du **liest** – lesen
das **Loch**, die Löcher
der **Löwe**, die Löwen
die **Luft**
lustig

M m

machen, du machst
das Mädchen, die Mädchen
du magst – mögen
der Mai
malen, du malst
man
der Mann, die Männer
das Märchen, die Märchen
der März
die Matratze, die Matratzen
die Maus, die Mäuse
das Meer, die Meere
das Meerschweinchen
mehr
mein, meine, meiner
merken, du merkst
mich
die Minute, die Minuten
mir
mit
der Mittag
mittags
der Mittwoch
die Möbel
mögen, du magst
der Monat, die Monate
der Mond, die Monde
der Montag
morgen
der Morgen
morgens
der Mund, die Münder
müssen, du musst
du musst – müssen
die Mutter, die Mütter

N n

nach
der Nachmittag
nächste
die Nacht, die Nächte
nah
der Name, die Namen
nämlich
die Nase, die Nasen
der Nebel
neben
nehmen, du nimmst
nein
das Nest, die Nester
das Netz, die Netze
neu
neun
nicht
nichts
nie
du nimmst – nehmen
noch
der November
die Nummer, die Nummern
nun
nur

O o

ob
oben
das **Obst**
oder
offen
oft
das **Ohr**, die Ohren
der **Oktober**
die **Oma**, die Omas
der **Onkel**, die Onkel
der **Opa**, die Opas
das **Ostern**

P p

packen, du packst
das **Papier**, die Papiere
passieren, es passiert
der **Pfennig**, die Pfennige
das **Pferd**, die Pferde
pflanzen, du pflanzt
pflegen, du pflegst
die **Pizza**
der **Planet**, die Planeten
der **Platz**, die Plätze
plötzlich
die **Pommes**
der **Prinz**, die Prinzen

die **Prinzessin**, die Prinzessinnen
der **Propeller**, die Propeller
die **Puppe**, die Puppen

Qu qu

das **Quadrat**, die Quadrate
quaken, du quakst

R r

die **Rakete**, die Raketen
die **Raupe**, die Raupen
rechnen, du rechnest
reden, du redest
der **Regen**
reich
reisen, du reist
reiten, du reitest
rennen, du rennst
richtig
der **Rock**, die Röcke
rollen, du rollst
rot
der **Rücken**, die Rücken
rufen, du rufst
die **Ruhe**
ruhig
rund

S s

die **Sache**, die Sachen
der **Saft**, die Säfte
sagen, du sagst
das **Salz**
der **Samstag**
der **Sand**
sandig
der **Satz**, die Sätze
schauen, du schaust
scheinen, sie scheint
die **Schere**, die Scheren
schimpfen, du schimpfst
der **Schirm**, die Schirme
schlafen, du schläfst
du **schläfst** – schlafen
schlagen, du schlägst
du **schlägst** – schlagen
schließlich
das **Schloss**, die Schlösser
der **Schmetterling**, die Schmetterlinge
der **Schnee**
schneiden, du schneidest
schnell
schon
schön
der **Schrank**, die Schränke
die **Schraube**, die Schrauben
der **Schreck**
schreiben, du schreibst
schreien, du schreist

der **Schuh**, die Schuhe
die **Schule**, die Schulen
die **Schuppe**, die Schuppen
die **Schüssel**, die Schüsseln
schwarz
das **Schwein**, die Schweine
schwer
die **Schwester**, die Schwestern
schwimmen, du schwimmst
sechs
der **See**, die Seen
sehen, du siehst
sehr
ihr **seid** – sein
die **Seife**, die Seifen
sein, du bist
sein, seine, seiner
seit
die **Seite**, die Seiten
die **Sekunde**, die Sekunden
der **September**
der **Sessel**, die Sessel
sich **setzen**, du setzt dich
sich
sie
sieben
du **siehst** – sehen
sie **sind** – sein
wir **sind** – sein
singen, du singst
sitzen, du sitzt
so
sofort
der **Sohn**, die Söhne
sollen, du sollst

der **Sommer**
die **Sonne**
der **Sonntag**
die **Spagetti**
sparen, du sparst
der **Spaß**, die Späße
spät
spazieren, du spazierst
das **Spiel**, die Spiele
spielen, du spielst
die **Spinne**, die Spinnen
der **Sport**
sprechen, du sprichst
du **sprichst** – sprechen
springen, du springst
der **Stab**, die Stäbe
die **Stadt**, die Städte
die **Stange**, die Stangen
der **Stängel**, die Stängel
stecken, du steckst
stehen, du stehst
steigen, du steigst
stellen, du stellst
der **Stern**, die Sterne
der **Stift**, die Stifte
still
die **Stirn**
der **Stock**, die Stöcke
die **Straße**, die Straßen
der **Strauch**, die Sträucher
streicheln, du streichelst
das **Stück**, die Stücke
der **Stuhl**, die Stühle
die **Stunde**, die Stunden
suchen, du suchst

T t

die **Tafel**, die Tafeln
der **Tag**, die Tage
die **Tante**, die Tanten
tanzen, du tanzt
die **Tasche**, die Taschen
die **Tasse**, die Tassen
die **Tatze**, die Tatzen
tauschen, du tauschst
der **Tausendfüßler**
der **Teddy**, die Teddys
der **Tee**, die Tees
das **Telefon**, die Telefone
der **Teller**, die Teller
die **Temperatur**, die Temperaturen
der **Teppich**, die Teppiche
das **Thermometer**, die Thermometer
das **Tier**, die Tiere
der **Tiger**, die Tiger
der **Tisch**, die Tische
die **Tochter**, die Töchter
toll
das **Tor**, die Tore
tot
tragen, du trägst
du **trägst** – tragen
träumen, du träumst
traurig
treffen, du triffst
die **Treppe**, die Treppen

du **triffst** – treffen
trinken, du trinkst
tun, du tust
die **Tür**, die Türen
turnen, du turnst

U u

üben, du übst
über
die **Uhr**, die Uhren
um
umziehen, du ziehst um
und
uns, unsere, unser
unten
unter

V v

die **Vase**, die Vasen
der **Vater**, die Väter
vergessen, du vergisst
du **vergisst** – vergessen
der **Verkehr**
verstecken, du versteckst
versuchen, du versuchst
viel
vielleicht

vier
der **Vogel**, die Vögel
voll
vom
von
vor
vorlesen, du liest vor
der **Vormittag**

W w

der **Wagen**, die Wagen
wahrscheinlich
der **Wal**, die Wale
der **Wald**, die Wälder
wann
warm
die **Wärme**
warten, du wartest
warum
was
das **Waschbecken**
waschen, du wäschst
du **wäschst** – waschen
das **Wasser**
der **Weg**, die Wege
das **Weihnachten**
weil
weinen, du weinst
weiß
du **weißt** – wissen
weit

180

weiter
weiterfahren, du fährst weiter
welche, welcher
wem
wen
wenig
wenn
wer
werden, du wirst
werfen, du wirfst
das **Werkzeug**, die Werkzeuge
das **Wetter**
wie
wieder
die **Wiese**, die Wiesen
du **willst** – wollen
der **Wind**, die Winde
der **Winter**
wir
du **wirfst** – werfen
du **wirst** – werden
wissen, du weißt
der **Witz**, die Witze
wo
die **Woche**, die Wochen
wohnen, du wohnst
die **Wohnung**, die Wohnungen
die **Wolke**, die Wolken
wollen, du willst
das **Wort**, die Wörter
wünschen, du wünschst
der **Würfel**, die Würfel
die **Wurst**, die Würste
die **Wurzel**, die Wurzeln

Z z

die **Zahl**, die Zahlen
zählen, du zählst
der **Zahn**, die Zähne
der **Zauberer**, die Zauberer
der **Zaun**, die Zäune
der **Zebrastreifen**
die **Zehe**, die Zehen
zehn
zeigen, du zeigst
die **Zeit**
das **Zelt**, die Zelte
die **Ziege**, die Ziegen
ziehen, du ziehst
ziemlich
das **Zimmer**, die Zimmer
Zirkus, die Zirkusse
zu
der **Zucker**
zuerst
der **Zug**, die Züge
zu Hause
zuhören, du hörst zu
zum
zur
zurück
zusammen
zwei
die **Zwiebel**, die Zwiebeln
der **Zwilling**, die Zwillinge
zwölf
der **Zylinder**, die Zylinder

Lernbereiche

- Texte verfassen
- Sprache untersuchen
- Lesen und mit Literatur umgehen
- Sprechen und Gespräche führen
- Richtig schreiben

Die farbig ausgefüllten Teilstücke der Kreise geben an, welche Lern- und Teilbereiche des Deutschunterrichts auf der Seite schwerpunktmäßig erarbeitet werden.

Textquellen

18: Lindgren, Astrid, Madita, Verlag Friedrich Oetinger, Hamburg 1971
21: Nahrgang, Frauke, Komm mit in die Schule, Ravensburger Buchverlag Otto Maier GmbH, Ravensburg 1995
25: Voitz, Angelika, Anders sein, © 1999 by Saatkorn-Verlag, Lüneburg
33–35, 41: Janisch, Heinz/Wolfgruber, Linda, Die Prinzessin auf dem Kürbis, Gabriel Verlag, Wien 1998
40: Halle, Werner, aus: Bilder und Gedichte für Kinder, Westermann-Verlag, Braunschweig 1971
47–50, 52: Brender, Irmela, Julias anderer Tag, Arena Verlag, Würzburg 1988
53: Jandl, Ernst, Der künstliche Baum, Luchterhand Verlag, Neuwied/Berlin 1970
59: nach Baumann, Hans, Das Schaukelschaf, Loewes Verlag, Bindlach 1983
61, 66/67, 70/71: Jörg, Sabine, So groß ist der Mond
79: Frank, Karlhans, 4. Jahrbuch der Kinderliteratur, Beltz & Gelberg, Weinheim und Basel
82: Mebs, Gudrun, Die Sara, die zum Circus will, Verlag Sauerländer, Aarau und Frankfurt/Main 1990
94/95: Buck, Gisela und Siegfried, Lissi, Mira und Max, Kinderbuchverlag Luzern 1994
97: Ruika-Franz, Viktoria, Ich bin Kolumbus, Der Kinderbuchverlag, Berlin 1975
102: Jandl, Ernst, Laut und Luise, Luchterhand Verlag, Neuwied/Berlin
108, 110, 112: Nöstlinger, Christine/Heine, Helme, Das Leben der Tomanis, Middelhauve Verlag, München 1974
109: Stone, Elberta H., Ich reise nach Amerika und wer will mit?, Ellermann Verlag, München
111: Frank, Karlhans, Vom Dach die Schornsteinfeger grüßen mit Taucherflossen an den Füßen, Franz Schneider Verlag, München 1987
121: Obermeier, Mathilde/Hollerauer, Evi, Fetzenmo und Habergoaß, © Drei Linden Verlag, Grabenstätt 1984
126: Henne, Hansjörg, Ravensburger Buchverlag
126/127: Henne, Hansjörg, Ravensburger Kinderjahr Band 6
134: Morgenstern, Christian
141: Toll, Claudia
142: Schweiggert, Alfons
142: Morgenstern, Christian
144: Lohf, Sabine/Sailer, Sibylle, Wo der Gurkenkönig wächst, Ravensburger Buchverlag Otto Maier GmbH, Ravensburg 1985
146: Heuck, Sigrid, Die Wolkenreise, K. Thienemanns Verlag, Stuttgart 1989
148: Ruck-Pauquèt, Gina, Die Stadt der Kinder, Beltz & Gelberg, Weinheim und Basel
149: Jullien, Magdalena G., Eine Geschichte zum Fürchten, Lappan Verlag, Oldenburg 1996
150/151: Jörg, Sabine
152: Guggenmos, Josef, Das Liedmobil, Ellermann Verlag

Lieder

7: Löwenmaul und Akelei, Text und Melodie: Dorothée Kreusch-Jacob, Patmos Verlag, Düsseldorf
38: Tomatensalat, volkstümlich
135: Sternschnuppe, Melodie: Ute Andresen, R. Mühlbauer, Text: Ute Andresen
137: Weihnachten ist nicht mehr weit, Text: Rolf Krenzer, Musik: Detlef Jöcker, © Menschenkinder Verlag, Münster
148: Hexenküche, Text: Max Kruse, Melodie: Dorothée Kreusch-Jacob, Patmos Verlag, Düsseldorf

Illustrationen:
Katja Schmiedeskamp, Hannover
Titel und „Das Kaleidoskop": Daniela Kulot, Augsburg

Bildquellen:
Architektur-Bilderservice Kandula, Witten: 26 o r; Astrofoto, Sörth: 165 (Mondsilber); Arena Verlag, Würzburg, aus: Das Arena Bilderlexikon des Wissens, © by Arena Verlag GmbH 1999: 166 o; Beltz Verlag, Weinheim und Basel: 115 u l; Bibliographisches Institut & F.A. Brockhaus, Mannheim: 164 (aus: Kinderbrockhaus, Band 1, Reihe Schülerduden, Duden Multimedia – Mein erstes Lexikon © 1994 Dorling Kindersley, London); BLV Verlagsgesellschaft, München, Die Natur im Jahreslauf: 122; Buck, Gisela u. Siegfried, Lissi, Mira und Max – drei kleine Katzen, Kinderbuchverlag Luzern, Fotos: Andreas Fischer-Nagel: 94/95; Deutsche Presse-Agentur, Frankfurt: 70; Deutscher Taschenbuch Verlag, München: 115 r; Entnommen aus „Sehen Staunen Wissen: Pflanzen", erschienen 1990 beim Gerstenberg Verlag, Hildesheim © 1989 Dorling Kindersley Ltd. London: 122; Farbige Welt: Natur und Tiere, © 1997 by Ravensburger Buchverlag Otto Maier GmbH, Ravensburg: 122; Franz Schneider Verlag, München: 164 (Mein allererstes Lexikon von A–Z); Heidelbach, Nikolaus, Kinderparadies, 1994 Beltz Verlag, Weinheim und Basel: 85, 89; Helga Lade Fotoagentur, Frankfurt/Main: 26 o l, 113 u r; IFA-Bilderteam, Düsseldorf: 113 o l (J. Heron), o r (Garet), m l (Int. Stock), u l (Bloch/Jung); Interfoto, München: 113 m r (R. Semmler); Janosch, Post für den Tiger, Beltz & Gelberg, Weinheim: 8/9; Joost Elffers Books, New York: 40; Kessler/Nahrgang: Komm mit in die Schule, © 1995 by Ravensburger Buchverlag Otto Maier GmbH, Ravensburg: 21; Klee, Paul, Tiere begegnen sich, 1938, 11 (H11), Öl und Kleisterfarben auf Karton auf Sperrholz; Privatbesitz, Schweiz, © VG BILD-KUNST, Bonn 2000: 99; Kohn, K.G., Braunschweig: 26, u l, u r, 46 (Schule u. Lesen), 80 o, 92 (Wellensittich); Krekeler, H., Hanstedt: 145; Lappan Verlag, Oldenburg: 149; Lohf, S., Bad Nenndorf: 134 m; Mauritius, Stuttgart: 127 (Haussperling: Pascal); Mebs, Gudrun/Buchholz, Quint, Die Sara, die zum Circus will, Verlag Sauerländer: 82; Michalski, Ute u. Tilman, Wie der Wind geschwind, © by Ravensburger Buchverlag 1988: 134/135 u; Middelhauve Verlag, München: 107 u, 108, 110, 112, 114 o; Nature + Science, Liechtenstein: 165 (Larve: Marcel W. Gut); Nordqvist, Sven, Morgen Findus wirds was geben, © Verlag Friedrich Oetinger, Hamburg: 11; Okapia, Frankfurt/M.: 92 (Kaninchen, Hans Reinhard), 93 u (Christine Steiner), 123 (Raupe: L. Martinez), 165 (Eiablage: Patrick Da-Costa); Pape, L., Braunschweig: 46 (Aufstehen u. Hausaufgaben), 56, 63, 78 (Seiltänzerin u. Gewichtheber), 83, 140, 142, 153 u, 167 o; Pfaffinger, U., Schwieberdingen: 47; RTV Family Entertainment AG, München: 10/11 (Laß das, Hein Blöd!); Schröder, T., Braunschweig: 134 (Marionette); Superbild, Grünwald/München: 92 (Katze, Sipa Images), 126 (Elster); Teutopress, Bielefeld: 107 o; Tierbildarchiv Angermayer, Holzkirchen: 120 l (H. Reinhard), m (R. Schmidt), 123 u (H. Reinhard), 126 (Zaunkönig u. Kuckuck: H. Reinhard, Heckenbraunelle u. Distelfink: G. Wendl), 127 (G. Wendl), 128 (H. Pfletschinger), 165 (Puppe: H. Pfletschinger), 166 u (H. Pfletschinger); Treibholz GmbH, Düsseldorf: 68; Verlag Friedrich Oetinger, Hamburg: 115 l; Vividia, München: 93 (Ziege, R. Maier), 123 (Schmetterling u. Puppe: Hagemann, Ohrwurm: Kratz), 165 (Maikäfer: Horst); Wagner, C., Gilzum: 78 m; Walt Disney Company, Eschenborn: 165 (Mickymaus); Weger, U., Hannover: 86; Westermann Lernspielverlag, Braunschweig: 37 u; Wildlife, Hamburg: 120 r (P. Hartmann); Wolfsgruber, Linda, aus: Heinz Janisch, Die Prinzessin auf dem Kürbis, © by Gabriel Verlag in K. Thienemanns Verlag, Stuttgart – Wien: 32/33; Zefa, Düsseldorf: 62 (l: Nancy L. Hoffmann, m: Diane Varney, r: Lyn Martin); © I. Schmitt-Menzel/Friedrich Streich/WWF, Die Sendung mit der Maus ® WDR, Lizenz: BAVARIA SONOR, Bavariafilmplatz 8, 82031 Geiselgasteig: 48.

1. Auflage Druck   5   4   3   2   1
Herstellungsjahr 2005 2004 2003 2002 2001
Alle Drucke dieser Auflage können im Unterricht
parallel verwendet werden.

© Westermann Schulbuchverlag GmbH, Braunschweig 2001
www.westermann.de

Verlagslektorat: Alexandra Metz, Eva Odersky, Kathrin Hanne
Lay-out und Herstellung: Nijole Küstner

Druck und Bindung: westermann druck GmbH, Braunschweig

ISBN 3-14-**125162**-2

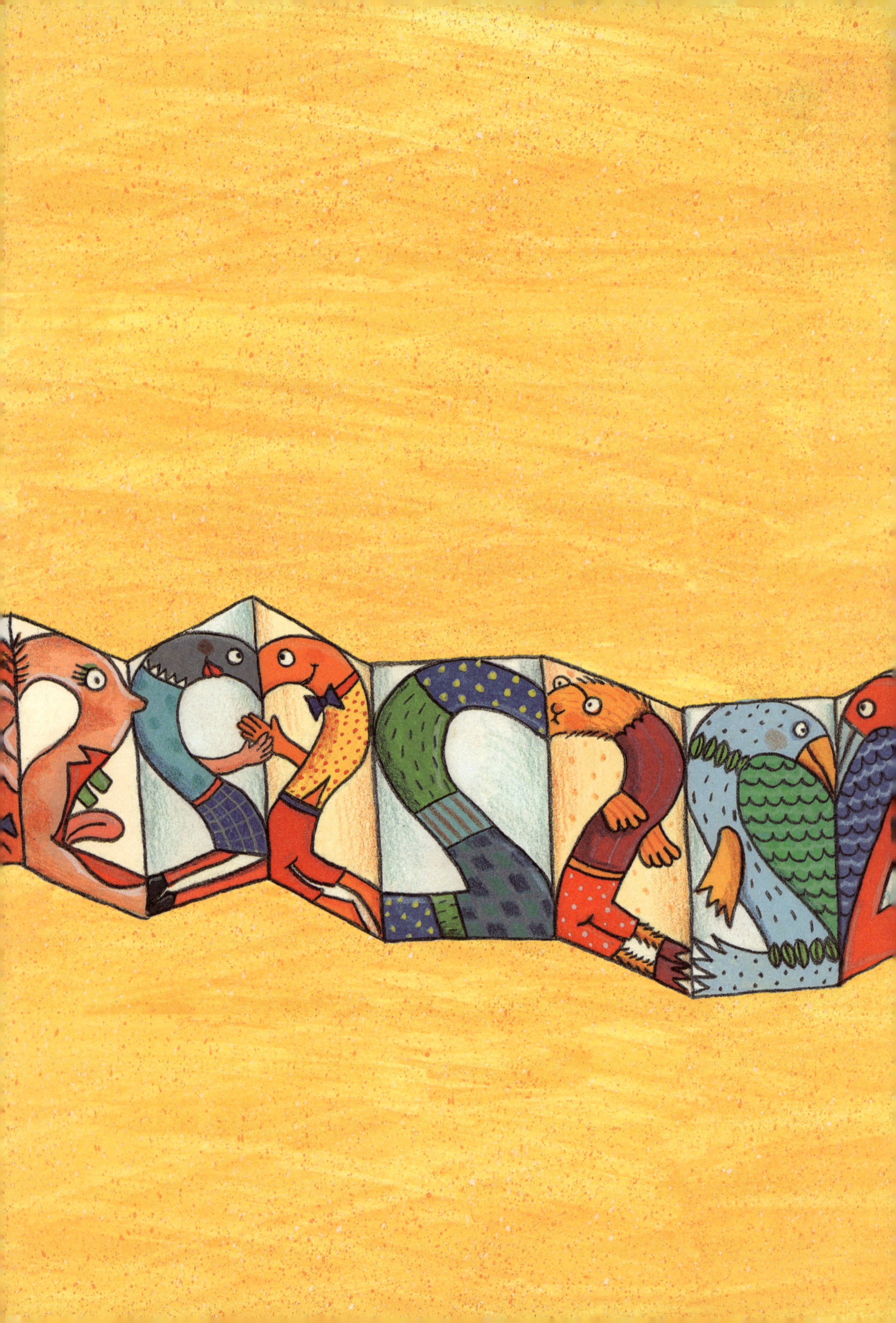